디지털

업무 생산성을 높이고
일상을 정리하는 생각 정리의 기술

비주얼 씽킹

정진호 지음

한빛미디어
Hanbit Media, Inc.

지은이 **정진호**

공대 출신 화가이자 작가, 일러스트레이터이며 비주얼씽킹 전문가입니다.

글로벌 인터넷 기업에서 외부 개발자를 지원하는 엔지니어로 일하면서 독학으로 그림을 그렸습니다. 그림을 그리는 기간 동안 비주얼씽킹의 매력에 빠져 10년의 시간이 흘렀고 그사이 1인 기업 J비주얼스쿨의 대표가 되었습니다. 기업, 학교, 공공기관 등에서 다양한 시각화 관련 강의와 프로젝트를 수행하고 있고 수채화, 디지털 페인팅, 3D 모델링 등 아날로그와 디지털을 넘나들며 워크숍을 진행하고 있습니다.

일곱 번의 개인전을 열었고 《철들고 그림 그리다》, 《비주얼씽킹》, 《행복화실》을 비롯한 20권의 저서와 역서를 출간했습니다. 국내 최고령 일러스트레이터가 되는 소박한 꿈을 품은 채 하루하루 즐겁게 작업에 임하고 있습니다.

이메일 jvisualschool@gmail.com

페이스북 http://fb.com/jinho.jung

디지털 비주얼씽킹 업무 생산성을 높이고 일상을 정리하는 생각 정리의 기술

초판 1쇄 발행 2022년 12월 19일

지은이 정진호 / **펴낸이** 김태헌

펴낸곳 한빛미디어(주) / **주소** 서울시 서대문구 연희로2길 62 한빛미디어(주) IT출판1부

전화 02-325-5544 / **팩스** 02-336-7124

등록 1999년 6월 24일 제25100-2017-000058호 / **ISBN** 979-11-6921-053-9 13000

총괄 배윤미 / **책임편집** 장용희 / **기획** 장용희 / **교정교열** 박서연

디자인 박정우 / **전산편집** 김희정

영업 김형진, 장경환, 조유미 / **마케팅** 박상용, 한종진, 이행은, 고광일, 성화정 / **제작** 박성우, 김정우

이 책에 대한 의견이나 오탈자 및 잘못된 내용에 대한 수정 정보는 한빛미디어(주)의 홈페이지나 아래 이메일로 알려주십시오.
잘못된 책은 구입하신 서점에서 교환해 드립니다. 책값은 뒤표지에 표시되어 있습니다.

한빛미디어 홈페이지 www.hanbit.co.kr / **이메일** ask@hanbit.co.kr / **자료실** www.hanbit.co.kr/src/11053

지금 하지 않으면 할 수 없는 일이 있습니다.
책으로 펴내고 싶은 아이디어나 원고를 이메일(writer@hanbit.co.kr)로 보내주세요.
한빛미디어(주)는 여러분의 소중한 경험과 지식을 기다리고 있습니다.

들어가며

8년의 경험

필자는 공대를 졸업했습니다. 프로그래머로 직장 생활을 시작해 16년간 인터넷 관련 기업에서 일하고, 2014년에 비주얼씽킹을 전문적으로 교육하는 1인 기업 J비주얼스쿨을 만들었습니다. 그리고 8년이 지났습니다. 그동안 펜 드로잉, 수채화, 비주얼씽킹, 일러스트, 3D 모델링, UX 디자인 등 다양한 시각적 작업을 진행했습니다. 특히 비주얼씽킹을 국내에 보급하는 데 많은 노력을 했습니다. 사람들은 보통 '무엇인가를 그린다'고 하면 미술 혹은 디자인을 전공해야 한다고 생각합니다. 그러나 필자는 독학으로 그림을 배웠고, 책과 인터넷의 다양한 자료를 참고해 비주얼씽킹을 연습했습니다.

비주얼씽킹은 다음과 같이 세 가지 기술로 정의할 수 있습니다.

먼저 이야기를 듣고 핵심을 파악합니다. 그다음 머릿속에서 시각적 표현 방법을 결정합니다. 글과 그림을 이용해 핵심을 빠르고 간단하게 표현합니다. 이 세 가지 기술을 위해 꼭 미술이나 디자인을 전공해야 할 필요는 없습니다. 불필요한 코드를 걷어내고 최적화를 지향하는 필자와 같은 프로그래머도 충분히 잘할 수 있는 영역입니다. 마치 우리가 일기를 쓰고 필기를 하려고 국어국문학을 전공하지 않아도 되는 것처럼 우리의 생각과 정보를 간략하게 표현하기 위해 미술을 전공하지 않아도 됩니다. 비주얼씽킹을 통해 8년간 다양한 작업을 해왔습니다. 대학, 관공서, 기업 등에서 수많은 강의를 하고 선생님들과 학생들도 많이 만났습니다.

스케치북과 펜으로 시작한 작업은 2019년 여름 디지털 장비(아이패드 프로)를 이용하면서 생산성이 높아지고 다양한 시도와 새로운 도전을 할 수 있게 되었습니다. 8년간의 경험을 이 책 안에 꾹꾹 눌러 담았습니다. 비주얼씽킹은 누구나 배울 수 있는 기술이므로 이 책은 다양한 연령대의 독자를 위해 가능하면 쉽게 쓰려고 노력했습니다. 공대 출신 프로그래머인 필자와 함께 정보의 핵심을 파악하고 효과적으로 표현하는 기술을 배워, 여러분이 원하는 것을 쉽고 멋지게 그려낼 수 있게 된다면 참 좋겠습니다.

정진호

창의적 인재 = 전뇌형 인재

정해진 답을 암기하는 시대는 이미 오래전에 지났습니다. 이제는 모든 사람이 매우 빠른 속도의 인터넷에 24시간 연결되어 있습니다. 검색 창에 원하는 단어를 입력하면 관련된 수백만 개의 문서가 순식간에 나타납니다. 이제는 나만의 새로운 방법으로 해답을 찾고 만드는 시대입니다.

기업과 학교에서는 창의적인 인재를 원하는 목소리가 점점 커지고 있습니다. 사실 창의력은 지금까지 존재하지 않았던 완전히 새로운 무언가를 만들어내는 능력이 아닙니다. 오히려 이미 존재하는 것을 다양한 방법으로 바꾸고, 묶고, 엮어서 새로운 방향으로 바라보고 가치를 추가하는 작업입니다.

▲ 디지털 비주얼씽킹 작업 모습

문제는 우리의 시간은 부족하고 정보는 넘쳐난다는 것입니다. 이제 우리에게 정말 필요한 기술이 무엇인지 생각해볼 시간입니다. 수많은 정보에서 중요한 핵심을 발견하고, 서로 다른 전문 영역의 지식을 결합하며, 사람들이 이해하기 쉽게 만들어서 공유하는 것입니다. 이미 알고 있는 것을 멋지게 연결하는 힘이 필요합니다. 다른 사람의 시간을 아껴주고 감동을 주는 기술이 필요합니다. 더 많이 경험하고 더 넓게 생각하고 더 자주 연결하고 더 빨리 생산하고 더 쉽게 공유하는 힘도 필요합니다.

혼자만 아는 것보다 다른 사람이 쉽게 알 수 있도록 만드는 능력은 모든 사람이 부러워하는 능력입니다. 대부분의 사람은 말과 글로 자신이 아는 것과 생각한 것을 표현하지만 만약 그림으로 정보를 더 빠르게, 더 쉽게 다른 사람과 나눌 수 있다면 어떨까요? 8년간 마인드맵과 비주얼씽킹을 직접 활용하고 강의하면서 느낀 점은 이야기의 핵심을 파악하며 듣는 기술, 복잡한 정보를 창의적으로 정리하는 기술, 모두가 이해하기 쉽도록 표현하는 기술, 결과물을 빠르게 공유하는 기술이 모두에게 필요하다는 것입니다.

인간의 뇌는 좌뇌와 우뇌로 나뉘어 있으며 각기 다른 기능을 합니다. 창의적인 생각은 좌뇌와 우뇌가 뇌량이라 불리는 신경 섬유 다발을 통해 서로 신호를 교환하는 그 순간에 만들어집니다. 그림과 글을 함께 사용해서 논리적인 부분(좌뇌)과 시각적인 부분(우뇌)이 동시에 작동할 때 번쩍이는 아이디어가 떠오르며 창의력이 더욱 향상됩니다.

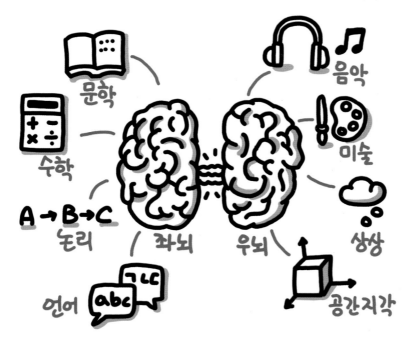

▲ 좌뇌와 우뇌의 역할

우리의 신체는 매우 신비한 능력을 갖추고 있습니다. 몸과 마음이 서로 연결되어 있어, 마음속이 복잡하면 다리를 움직여 산책하는 것이 도움이 되고, 머릿속이 복잡하면 손을 움직여 주변을 정리하면 도움이 됩니다. 비주얼씽킹은 손을 움직이는 신체 활동을 통해 두뇌의 활동에 자극을 주는 기술입니다. 특히 글

▲ 비주얼씽킹하는 필자의 모습

과 그림을 함께 사용하므로 좌뇌와 우뇌가 동시에 움직이도록 만듭니다.

좌뇌와 우뇌를 함께 사용하는 창의적인 인재를 전뇌형 인재라고 합니다. 비주얼씽킹은 우리가 전뇌형 인재로 나아가는 데 도움을 줍니다. 그런데 창조적인 아이디어의 한 가지 단점은 너무 빨리 번개처럼 사라져버린다는 것입니다. 따라서 이것을 재빨리 기록해놓아야 합니다. 종이와 같은 아날로그 방법도 좋고 스마트 태블릿과 같은 디지털 장비도 좋습니다. 열심히 손을 움직이다 보면 머리도 함께 부지런히 돌아갑니다. 처음에는 쉽지 않고 굉장히 피곤하게 느껴질 것입니다. 그러나 꾸준히 연습을 한다면 조금씩 점점 더 잘하게 됩니다. 진짜로!

예술인가 기술인가?

저에게 많은 사람이 물어봅니다. "비주얼씽킹은 그림을 그리는 작업인데 당연히 그림 재능이 필요하겠죠?" 결론부터 이야기하면 아닙니다. 비주얼씽킹은 예술이 아니라 기술이기 때문입니다. 예술은 재능이 필요합니다. 아무리 연습해도 재능을 타고난 사람을 이기기 어려운 영역이 바로 예술입니다. 그러나 비주얼씽킹은 예술이 아니라 기술입니다. 기술은 가르칠 수 있고 배울 수 있습니다.

초등학교 입학 전후의 친구들이 한글을 배우는 것처럼 비주얼씽킹도 이와 비슷합니다. 글씨가 조금 덜 예뻐도 일단 한글을 배우면 자신의 이름도 쓰고 일기도 쓰고 편지도 쓸 수 있습니다. 그림에 자신이 없어도 몇 가지 기본 규칙을 익히고 약간의 연습을 하면 생각보다 멋진 결과물을 만들어내는 자신을 발견할 것입니다. 이 책이 여러분을 도와드릴 것입니다.

물론 평범한 사람이 약간의 노력만으로 그림에 재능이 있는 사람보다 더 잘할 수는 없습니다. 어떤 사람은 특별히 연습한 것도 아닌데 처음부터 잘합니다. 이들은 재능을 타고난 것입니다. 우리는 재능을 타고난 사람과 실력을 겨루는 것이 아닙니다. 단지 꾸준한 연습을 통해 조금씩 실력이 좋아지기를 바랍니다.

우리의 경쟁 상대는 재능을 타고난 실력자가 아닌 과거의 자신입니다. 한 달을 연습하면 한 달 전보다는 잘할 것이고, 1년을 연습하면 1년 전의 자신보다는 훨씬 성장할 것입니다.

이 책을 읽는 우리의 목표는 입시 미술을 거쳐 미술대학에 진학하는 것이 아닙니다. 단지 내가 생각하고 배우고 알리고 싶은 것을 간단한 글과 그림을 통해 표현하는 방법을 배우는 것입니다. 시작은 누구나 할 수 있지만 원하는 수준으로 올라가려면 연습이 필요합니다. 그런데 이 연습은 힘들고 고통스러운 것이 아닙니다. 생각보다 재미있습니다. 재능보다 중요한 것은 시작하는 용기 그리고 그것을 지속해서 습관으로 만드는 힘입니다. 처음에는 하루 15분만 집중하는 연습을 합니다. 습관이 되면 30분, 1시간씩 집중해서 작업하는 자신을 발견할 수 있을 것입니다.

▲ 간단한 것부터 시작해보기

누구를 위한 책인가?

이 책은 새로운 것을 배우고, 머릿속에 엉킨 생각을 정리하고, 독창적인 나만의 방식으로 표현하고, 창의적인 문제 해결 능력을 원하는 모든 사람을 위해 쓰였습니다.

창의적인 아이디어가 필요한 사람
새로운 아이디어가 필요하다면 손을 움직여 어떤 것이든 끼적여보세요.

복잡한 정보를 그림으로
간단하게 표현하고 싶은 사람
글로 표현하기에는 너무 복잡하고 어렵다면? 간단한 그림을 함께 그려보세요.

자기 생각을 빠르고 쉽게
다른 사람과 공유하고 싶은 사람
글과 그림을 함께 이용해 표현하면 다른 사람이 훨씬 쉽게 이해할 수 있어요.

배운 것을
시각적으로 정리하고 싶은 학생

그림을 함께 이용해 노트를 정리하면 훨씬 강력하게
기억에 남게 됩니다.

수업을 흥미롭게
진행하고 싶은 선생님

선생님이 뭔가를 그리기 시작하는 순간! 학생들은
집중하기 시작합니다.

청중의 이목을 집중시킬 멋진
프레젠테이션을 만들고 싶은 발표자

식상한 기존의 방식이 아니라 자신만의 독특한 일러
스트를 만들어 넣어보세요.

이 책의 효과적인 활용 방법

여러분의 하루는 빠르게 흐르고 정신없이 바쁘며 다양한 유혹이 많다는 것을 필자도 잘 알고 있습니다. 그러나 이 책을 선택했다면 하루 15분은 열정을 투자할 수 있음을 보여준 것입니다. 하루에는 무려 96개의 15분이 있으니까요. 이 책을 효과적으로 활용하는 방법을 알아보겠습니다.

Lesson 1
비주얼씽킹이란 무엇인가

– 비주얼씽킹 이해하기 –

비주얼씽킹은 비주얼(Visual)과 씽킹(Thinking)의 합성어입니다. 다소 생소한 단어지만 비주얼씽킹의 정의는 매우 간단합니다. 글과 그림을 함께 활용해서 빠르고 간단하게 생각을 정리하고, 정보를 요약한 후 공유하는 것. 즉, 생각+시각화를 의미합니다. 비주얼씽킹은 '시각적으로 생각하다'의 의미도 있습니다. 여기서 중요한 점은 글과 그림을 함께 사용한다는 것입니다.

> **회화 = 그림**
> **문학 = 글**
> **비주얼씽킹 = 글 + 그림**

자신의 생각을 그림으로 표현하는 것을 회화, 글로 표현하는 것을 문학이라고 합니다. 글과 그림을 함께 사용해 정보, 생각, 개념을 상징적 이미지로 빠르고 간단하게 표현합니다. 상징적 이미지는 가능하면 짧은 시간 안에 실제 사물이나 개념의 특징을 잘 살려서 그려 빠르게 이해할 수 있는 수준의 그림입니다.

일단 익숙해지고 습관이 되면 글씨를 쓰는 것만큼 상징적 이미지를 빠르게 표현할 수 있습니다. '사람'이라는 단어를 쓰는 데 걸리는 시간과 '사람'의 형태를 그리는 데 걸리는 시간이 비슷해집니다. 이 기술을 이용하는 것이 실시간 노트 필기인 그래픽 리코딩입니다.

> **TIP** 그래픽 리코딩에 대한 자세한 설명은 이 책의 044쪽, 314쪽을 참고합니다.

먼저 비주얼씽킹에 대해 차근차근 이해합니다.

Lesson 2
완성도를 높여줄 입체감 표현하기

STEP 1. 어두운 부분(그림자) 그리기

01 앞선 과정과 동일하게 새 레이어를 추가하고 브러시 팔레트에서 **펠트펜(마커펜)**을 선택합니다. 더블 퍽에서 브러시 크기는 10, 색상은 기존 색상의 명도보다 어두운 색상으로 설정합니다. 다음과 같이 기본 도형 위에 어두운 부분을 그려 그림자를 표현합니다.

원

> **TIP** 디지털 비주얼씽킹은 가능하면 빠르고 간단하게 표현하는 것이 좋습니다. 앞선 Lesson 1의 실습처럼 굵은 선과 그림자, 간단한 채색만으로도 정보를 표현하기에 충분합니다. 그러나 상황에 따라 채색을 돋보이게 입체 표현이 필요한 경우도 있습니다. 여기에서는 초보자를 위한 쉽고 간단한 입체감 표현 방법을 설명하겠습니다.

> **TIP** 명도가 낮은 어두운 색상을 선택할 때는 손가락이나 스포이트를 활용해 원래 색상을 선택한 후 색상 퍽을 아래로 내려 명도를 낮춥니다.

디지털 비주얼씽킹을 도와줄 Sketchbook 앱의 기본 도구의 사용 방법을 익힙니다. 비주얼씽킹의 완성도를 높여줄 다양한 방법을 내 것으로 만듭니다.

Lesson 1 배너

배너 | 제목 | 메시지

완성 파일 : Chapter 4\배너.PSD

배너는 제목이나 메시지를 강조하기 위해 사용합니다. 배너에 글도 함께 있으면 본능적으로 그 내용을 주의 깊게 읽게 됩니다. 마치 상점의 간판과 비슷합니다. 어떤 이미지를 볼 때 가장 먼저 시선을 끄는 영역이 배너이므로 제목을 표현할 때 유용합니다. 배너는 비교적 간단하게 그릴 수 있는 것에 비해 효과는 상당히 큽니다. 따라서 자신만의 스타일을 살린 몇 가지 배너를 능숙하게 그릴 수 있도록 연습해보는 것이 좋습니다.

🔍 **미리 보기**

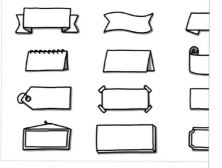

TIP 사용하는 레이어는 세 개입니다. 순서대로 라인, 그림자, 그리드 레이어입니다. 예제로 제공한 완성 파일을 참고할 수 있습니다.

104 디지털 비주얼씽킹

간단한 비주얼 단어부터 그려봅니다. 과한 욕심은 버리고 처음에는 15분씩만 연습합니다. 배너, 동물, 사물, 감정, 음식, 날씨 등 모든 이미지를 하나하나 따라 그려봅니다.

Lesson 2 목표 : 마인드맵으로 2023년 계획하기

일상 | 마인드맵 | 새해

완성 파일 : Chapter 5\마인드맵 계획.PSD

앞서 만든 새해 소망 10가지는 순서대로 번호를 붙여 정리했습니다. 그런데 더 많은 소망이 생각난다면 어떻게 하는 것이 좋을까요? 적당하게 분류를 한 후에 그룹으로 묶어서 표현합니다. 이때 사용할 수 있는 것이 마인드맵 구조입니다. 마인드맵 구조는 중앙에 주제를 만들고 나뭇가지 모양으로 점차 세분된 정보를 표현하는 방식입니다.

🔍 **미리 보기**

손으로 하는 비주얼씽킹이 익숙해질 때까지 반복적으로 연습합니다. 마음에 드는 부분을 골라 먼저 그리는 것도 좋습니다. 일상과 업무를 정리하는 비주얼씽킹을 만들어보면 뿌듯할 것입니다.

모두 따라 하세요! 훌륭한 작가들도 처음에는 따라 하기부터 시작했습니다.
진짜를 따라 하면 머지않아 여러분도 진짜가 되어 있을 것입니다.

들은 것은 잊어버리고, 본 것은 기억하고, 직접 해본 것은 이해한다.
I hear and I forget. I see and I remember. I do and I understand.
– 공자 –

Contents _____

Chapter 1

비주얼씽킹 이해하기

Chapter 2

Sketchbook과 친해지기

Contents

Chapter 3

One-Step 비주얼씽킹

Contents

Chapter 4
비주얼 단어 따라잡기

Contents

Contents

Contents

Chapter 6

업무에 활용하기

Contents

⬇ 이 책에 사용한 모든 실습 예제 및 완성 파일은 한빛출판네트워크(www.hanbit.co.kr)에서 다운로드할 수 있습니다. 홈페이지 메인 화면에서 자료실 버튼을 클릭한 후 예제소스 페이지에서 도서명(디지털 비주얼씽킹)으로 검색합니다. 도서의 예제소스를 클릭하여 다운로드할 수 있습니다. 예제 및 완성 파일을 활용해 좀 더 멋진 비주얼씽킹을 완성해보세요.

빠르게 다운로드하고 싶다면 www.hanbit.co.kr/src/11053에 접속해 다운로드합니다.

1

비주얼씽킹
이해하기

비주얼씽킹은 글과 그림을 함께 사용해 생각을 정리하고 정보를 요약하는 기술입니다. 대부분의 인간은 어린 시절부터 그림 그리기를 좋아합니다. 글(좌뇌)과 그림(우뇌)을 함께 사용할 때 인간의 뇌는 창조적 힘을 발휘합니다. 많은 시간과 정성을 쏟은 그림은 훌륭한 예술작품으로 탄생하기도 합니다. 우리는 예술작품보다는 이 책을 통해 짧은 시간 안에 '그럴싸한' 그림을 그리는 비주얼씽킹에 대해 배워보겠습니다.

Lesson

1

비주얼씽킹이란
무엇인가

─ 비주얼씽킹 이해하기 ─

비주얼씽킹은 비주얼(Visual)과 씽킹(Thinking)의 합성어입니다. 다소 생소한 단어지만 비주얼씽킹의 정의는 매우 간단합니다. 글과 그림을 함께 활용해서 빠르고 간단하게 생각을 정리하고, 정보를 요약한 후 공유하는 것. 즉, 생각+시각화를 의미합니다. 비주얼씽킹은 '시각적으로 생각하다'의 의미도 있습니다. 여기서 중요한 점은 글과 그림을 함께 사용한다는 것입니다.

> **회화 = 그림**
> **문학 = 글**
> **비주얼씽킹 = 글 + 그림**

자신의 생각을 그림으로 표현하는 것을 회화, 글로 표현하는 것을 문학이라고 합니다. 비주얼씽킹은 글과 그림을 함께 사용해 정보, 생각, 개념을 상징적 이미지로 빠르고 간단하게 표현합니다. 이 상징적 이미지는 가능하면 짧은 시간 안에 실제 사물이나 개념의 특징을 잘 살려서 그리되, 다른 사람이 빠르게 이해할 수 있는 수준의 그림입니다.

일단 익숙해지고 습관이 되면 글씨를 쓰는 것만큼 상징적 이미지를 빠르게 표현할 수 있습니다. '사람'이라는 단어를 쓰는 데 걸리는 시간과 '사람'의 형태를 그리는 데 걸리는 시간이 비슷해집니다. 이 기술을 이용하는 것이 실시간 노트 필기인 그래픽 리코딩입니다.

TIP 그래픽 리코딩에 대한 자세한 설명은 이 책의 044쪽, 314쪽을 참고합니다.

▲ 생각을 시각적으로 표현하는 모습

─ 소통의 시작은 그림 ─

애초에 인간은 글이 아닌 그림으로 소통을 시작했습니다. 손 근육이 발달해 연필을 잡을 수 있는 시기가 되면 자신이 좋아하는 것을 그리며 낙서를 합니다. 여백이 있는 곳이라면 손에 잡히는 것들을 활용해 즐겁게 공간을 채웁니다. 인간의 역사를 살펴봐도 문자를 사용한 시기보다 그림을 통해 소통을 하며 살아온 시기가 더 오래되었습니다. 이런 면에 비추어보면 인간은 본능적으로 글보다 그림을 좋아하며, 그림은 인간의 본능에 충실한 활동이라 할 수 있습니다.

비주얼씽킹의 다양한 사례

영화 촬영 현장을 상상해봅니다. 배우와 이야기하는 감독의 손에는 종이가 들려 있습니다. 이 종이에는 대사와 함께 간단한 그림이 그려져 있습니다. 이것을 콘티라고 합니다. 콘티는 비주얼씽킹과 유사한 특징이 많습니다. 영화 〈300〉의 예를 들어 살펴보겠습니다.

▲ 영화 〈300〉의 명장면, 'This is Sparta'(출처 : https://www.warnerbros.com/movies/300)

이 명장면을 비주얼씽킹으로 표현해보면 다음과 같습니다. 간단하지만 중요한 것은 모두 표현되고 있습니다.

1. 발로 차는 사람
2. 넘어진 사람
3. 구멍

▲ 비주얼씽킹으로 표현한 'This is Sparta'

필자가 진행한 사례도 살펴보겠습니다. 온라인 행사의 홈페이지에 vbook이라는 새로운 서비스를 소개하는 일러스트를 그리는 작업이었습니다. vbook은 동영상을 낱장의 이미지 파일로 만들고 자막을 붙여 편하게 볼 수 있는 서비스로, 북마크를 할 수 있고 질문과 답변도 추가할 수 있습니다.

본격적인 일러스트 작업에 앞서 클라이언트와 간단하게 그림을 그려가며 이야기를 나누었습니다. 영화 촬영장의 콘티처럼 vbook의 콘티를 공유하니 모든 사람이 쉽게 이해할 수 있었고 회의도 금방 끝났습니다.

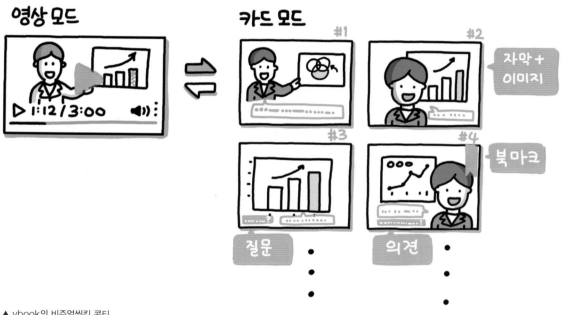

▲ vbook의 비주얼씽킹 콘티

최종 완성작과는 다소 차이가 있지만 초반에 만든 비주얼씽킹 콘티 덕분에 작업 과정 중 수정해야 할 부분을 명확하게 알 수 있었습니다.

▲ 완성된 vbook 소개 일러스트

─ 비주얼씽킹을 완성하는 세 가지 기술 ─

기억하세요. 비주얼씽킹은 정확하고 세밀한 묘사를 하는 것보다 핵심을 빠르고 간단하게 표현하는 것이 더 중요합니다. 높은 품질의 비주얼씽킹을 만들기 위해서는 다음과 같은 세 가지 기술이 필요합니다.

1. 보기/듣기
사물을 보고 특징을 빠르게 파악하기
이야기를 듣고 흐름과 구조를 이해하기

2. 이해하기
머릿속으로 정보를 어떻게 표현할지 상상하기
눈에 보이지 않는 개념은 적당한 비유를 활용해서 나타내기

3. 표현하기
직접 손을 움직여 표현하기
종이와 펜을 이용하거나 디지털 장비를 이용해서 표현하기

Lesson 2

비주얼씽킹의
매력

─ 그림과 글을 활용한 비주얼씽킹 ─

하루가 멀다 하고 네트워크의 속도는 빨라지고 PC와 스마트폰의 성능은 높아지고 있습니다. 이에 따라 현대인의 일상은 더욱 바쁘게 흘러가고 끈기와 참을성이 부족한 우리의 모습을 목격하게 됩니다. 이런 현상은 사람들의 이해력을 떨어뜨리고 생각하는 힘도 약하게 만듭니다. 하지만 인간에게 있어 '생각'이라는 지적 활동은 결정을 내리고 그것을 실행하는 데 있어 매우 중요합니다.

인간의 모든 지적 활동은 다음과 같이 3단계로 이루어집니다.

> **1단계. 감각 기관을 거쳐 새로운 것을 인지하는 단계**
> **2단계. 두뇌 활동을 통해 자신의 언어로 생각을 정리하는 단계**
> **3단계. 이것을 다른 사람이 이해하기 쉽게 만들고 전달하는 단계**

이와 같은 인간의 지적 활동 3단계는 그림으로 생각을 정리하는 능력을 키우는 데 매우 중요하게 작용합니다. 그림을 통해 우리는 더 빨리 정보를 얻고, 생각하고, 결정하고, 실행할 수 있습니다.

여기에 그림과 글을 활용한 비주얼씽킹이 습관화되면 관찰력이 높아지고, 생각하는 힘이 커지며, 자신만의 방식으로 표현하는 능력도 놀라울 정도로 발전합니다. 비주얼씽킹은 우리가 살아가는 동안 직장, 가정, 일상의 모든 부분에서 큰 도움이 될 것입니다.

─ 이해가 쉽습니다 ─

글과 그림을 함께 활용하면 어렵고 복잡한 것도 이해하기 쉬워집니다. 이야기나 주장의 설득력이 높아지고 공감대가 금방 형성됩니다.

─ 새로운 아이디어를 얻을 수 있습니다 ─

그림으로 생각하는 습관을 가지면 새로운 아이디어와 영감을 더욱 쉽게 얻을 수 있습니다. 새로운 아이디어는 좌뇌와 우뇌가 함께 동작할 때 만들어집니다. 비주얼씽킹은 좌뇌(글)와 우뇌(그림)를 함께 사용하므로 전뇌형 인재에게 꼭 필요한 기술입니다.

─ 의사 결정 속도가 빨라집니다 ─

글과 그림을 함께 사용하면 의사 결정을 명확하게 할 수 있고 의사 결정 속도와 실행 속도가 빨라집니다. 여러분이 누군가에게 의사 결정을 요청하고 싶다면 글과 그림을 함께 활용할 것을 추천합니다.

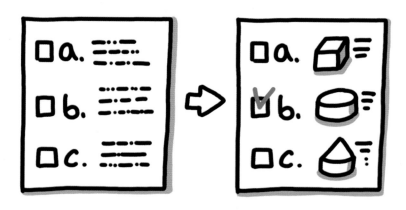

─ 멋진 취미와 습관이 됩니다 ─

비주얼씽킹은 일단 한번 배워두면 평생 사용할 수 있는 정말 멋진 기술입니다. 독서록, 필기, 일정 관리, 아이디어 스케치 등 마음속에 있는 것을 간단한 그림으로 자유롭게 그릴 수 있게 됩니다. 이 능력은 일생에서 접하는 다양한 기회에 그 빛을 발하는 멋진 취미와 습관이 될 수 있습니다.

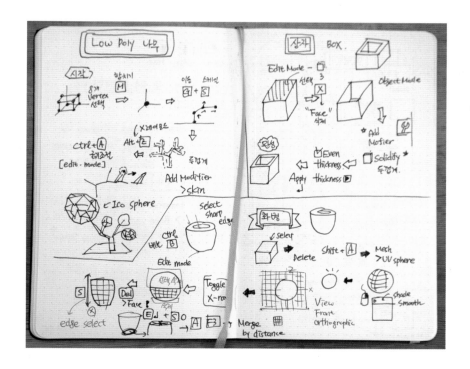

직접 경험한 비주얼씽킹의 매력

앞서 배운 비주얼씽킹의 여러 장점에도 불구하고 왜 사람들은 이를 배우는 것을 두려워할까요? 글과 그림을 함께 사용하는 비주얼씽킹을 예술의 영역으로 오해하기 때문입니다. 비주얼씽킹은 예술이 아닙니다. 간단하고 빠르게 글과 그림을 함께 그리는 기술입니다. 따라서 그림에 대한 재능이 없어도 한글만 깨쳤다면 누구나 익힐 수 있습니다. 중요한 것은 일단 시작해보는 용기입니다. 매일매일 작은 연습이라도 꾸준히 해봅니다.

필자가 개인적인 영역과 직업적인 영역에서 비주얼씽킹을 활용하며 느낀 비주얼씽킹의 매력은 다음과 같습니다.

• 정해진 규칙을 지켜가며 나만의 방식으로 창작을 할 수 있다.

• 내가 만든 것이 사람들에게 도움이 된다.

• 사람들은 이 기술을 부러워하며 자신도 습득하기를 원한다.

• 내가 가진 기술을 주변에 나누어도 내 기술은 줄어들지 않는다.

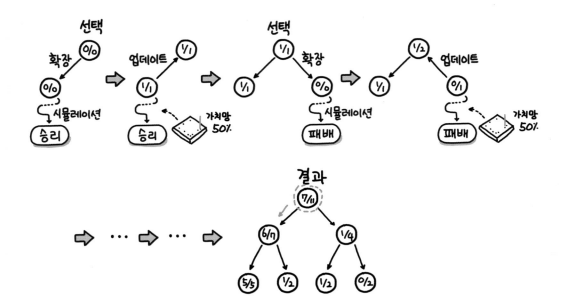

▲ 트리 탐색 알고리즘

갈수록 복잡해지는 세상에서 사람들은 점점 더 쉽고 간단한 것을 원합니다. 필자는 최근 초등 교과 과정을 디지털 비주얼씽킹과 마인드맵으로 정리하는 프로젝트를 진행했습니다. 수백 장의 작업을 하고 나니 학생들에게 큰 도움이 된 것 같아 뿌듯했고 이 작업을 통해 비주얼씽킹 구성 능력도 향상된 것 같아 기뻤습니다.

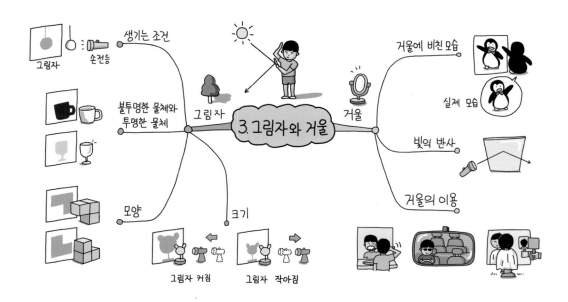

▲ 프로젝트 중 초등 과학-그림자와 거울

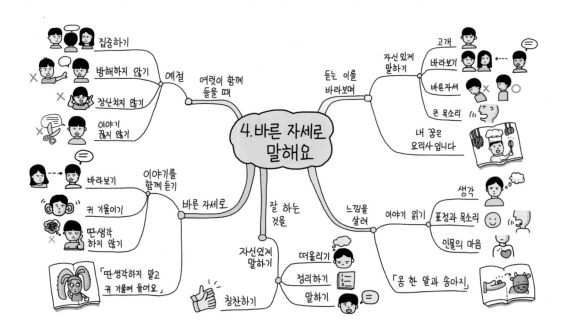

▲ 프로젝트 중 초등 국어-바른 자세로 말해요

비주얼씽킹 프로세스

─ 1단계 : 입력(듣기/읽기) ─

정보를 빠르고 간단하게 시각적으로 표현하는 비주얼씽킹은 세 가지 단계로 작업이 이루어집니다. 그중 첫 단계는 정보를 받아들이는 입력 단계입니다. 동영상을 보거나 강의를 듣는 상황을 그 예라고 할 수 있습니다. 집중력이 필요한 단계이므로 중요하게 생각해야 할 것이 있습니다. 1단계에서는 모든 정보를 받아들이는 것이 아니라 중요한 정보만 선택해서 받아들여야 합니다.

우리는 녹음기나 속기사가 아닙니다. 지속적인 판단이 필요합니다. '지금 보거나 듣고 있는 정보가 과연 시각적으로 표현할 가치가 있는가?'라는 기준을 가지고 정보를 받아들여야 합니다. 단순히 듣는 것이 아니라 전체적인 맥락에서 중요도를 판단하고, 중요도가 낮거나 불필요한 정보라면 다음 단계까지 가지 않고 1단계에서 미련 없이 버립니다.

─ 2단계 : 판단(시각적 단어 선택) ─

입력 단계에서 중요하다고 판단한 단어, 문장 등을 시각적 단어로 변환해야 합니다. 2단계는 언어의 번역과 비슷합니다. 우리가 영어를 공부할 때 우리말에 해당하는 영어 단어를 암기하는 것처럼 비주얼씽킹에서도 각 단어에 해당하는 이미지, 즉 시각적 단어가 필요합니다.

예를 들어 '사람'이라는 단어가 나오면 이것을 표현할 적당한 이미지가 머릿속에 저장돼 있어야 합니다. 같은 사람이라도 성별, 연령, 상황에 따라 조금씩 다른 표현이 필요할 수 있습니다. 따라서 사람에 대한 몇 가지 종류의 이미지가 머릿속에 저장되어 있어야만 상황에 맞는 시각적 단어를 선택할 수 있습니다.

3단계 : 표현(빠르게 그리기)

2단계에서 머릿속에 있는 적당한 시각적 단어를 선택했다면 3단계는 이것을 빠르게 표현하는 단계입니다. 훌륭한 비주얼씽커는 1~2단계에서 이미 결정됩니다. 중요한 정보를 잘 들었고 적당한 이미지를 선택한 것으로 작업의 절반은 끝난 셈입니다. 그것을 간단하면서 효과적으로 표현하는 것은 생각보다 빠르게 진행됩니다.

3단계에서는 불필요한 묘사를 줄이고 핵심적인 정보를 표현해야 합니다. 시간을 많이 들여 충분히 아름다운 결과물을 만들어내는 것보다 짧은 시간 안에 꼭 필요한 것만 표현하는 것이 바람직합니다.

Lesson
4

아날로그와
디지털

─ 아날로그 방식의 비주얼씽킹 ─

비주얼씽킹은 크게 두 가지 방식으로 작업합니다. 종이와 펜을 이용하는 전통적인 아날로그 방식과 디지털 기기를 사용하는 디지털 비주얼씽킹입니다. 먼저 우리에게 익숙한 종이와 펜을 이용하는 아날로그 방식을 살펴보겠습니다.

▲ 아날로그 방식으로 버킷 리스트를 만드는 중학생들

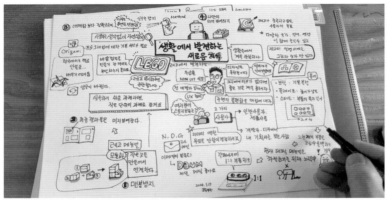

▲ 콘퍼런스에서 아날로그 방식으로 그래픽 리코딩하기

누구나 쉽게 시작할 수 있습니다

아날로그 비주얼씽킹은 특별한 장비가 필요하지 않습니다. 종이와 펜만 있으면 곧바로 시작할 수 있고 장소의 제한도 거의 없습니다. 집, 직장, 학교, 카페 등 어디에서나 가능하고 대중교통을 이용하는 중에도 작업할 수 있습니다.

비용 부담이 없습니다

값비싼 PC, 스마트 태블릿, 스타일러스 펜 등이 필요 없으니 매우 경제적입니다.

익숙합니다

평소에 사용하던 익숙한 도구를 사용하므로 생소하지 않습니다. 종이와 펜만 있으면 되니 사용 방법을 따로 교육받지 않아도 됩니다.

수정이 힘듭니다

연필은 지우개로 수정할 수 있지만 지울 수 없는 펜(마커펜 등)으로 작업한다면 수정이 불가능합니다. 수정액 등을 사용할 수는 있지만 깔끔한 완성작을 만들 수 없습니다.

채색이 번거롭습니다

아날로그 작업 시 채색이 쉽지 않습니다. 색연필, 마커, 수채화 물감 등 그 어떤 것을 사용하더라도 작업이 번거롭고 시간이 오래 걸리며 채색 기술도 필요합니다.

공유하기가 어렵습니다

자신이 만든 작품을 여러 사람과 공유하려면 번거로운 단계를 거쳐야 합니다. 스캐너를 이용해 작업 결과물을 스캔하거나 스마트폰 앱을 이용해 촬영한 후 전송해야 합니다.

ㅡ 아날로그+디지털 방식의 비주얼씽킹 ㅡ

아날로그 방식으로 종이와 펜을 이용해 선만 완성한 후 스캐너나 스마트폰을 이용해 스캔합니다. PC에서 포토샵, 그림판, Sketchbook(스케치북) 앱 등의 그래픽 프로그램을 이용해 채색하는 과정을 거칩니다. 이렇게 완성한 결과물을 이미지 파일로 만들어 다른 사람과 공유합니다. 이 방식은 아날로그 비주얼씽킹의 단점을 보완할 수 있지만 작업 과정이 꽤 번거롭습니다.

> **TIP** ▶ 이 책에서는 종이 스케치북과 Sketchbook 앱의 차별성을 드러내기 위해 Sketchbook 앱을 설명할 때는 영문 그대로 표기하겠습니다.

ㅡ 디지털 방식의 비주얼씽킹 ㅡ

스마트 태블릿과 스타일러스 펜을 이용하는 방법입니다.

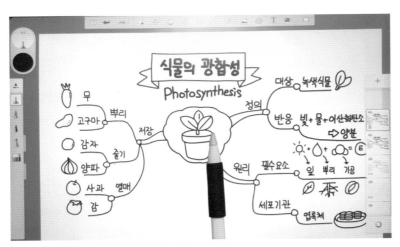

▲ 아이패드와 애플 펜슬을 이용해 작업하는 모습

빠르고 간편합니다

스마트 태블릿만 있으면 언제 어디서나 빠르고 간편하게 작업할 수 있습니다. 또한 그래픽 프로그램을 활용하면 수정, 삭제, 복사 등 모든 작업이 쉽습니다.

쉽게 공유할 수 있습니다

완성한 결과물을 이미지 파일로 만들어 누구에게나 공유할 수 있습니다. 빔 프로젝터나 대형 TV 등에 연결해 작업 상황을 실시간으로 보여줄 수도 있고 타임랩스나 촬영 기능을 활용해 비주얼씽킹을 작업하는 과정 전체를 녹화해서 공유할 수도 있습니다.

비용이 부담됩니다

값비싼 디지털 장비가 필요합니다. PC나 스마트 태블릿, 스타일러스 펜 등 디지털 작업을 위해 새로 장비를 구입해야 할 수도 있습니다.

프로그램 사용법을 익혀야 합니다

포토샵이나 그림판, Sketckbook 앱 등의 프로그램 사용법을 익힐 시간이 필요합니다.

▲ 아이패드와 노트북을 연결해 비주얼씽킹 작업 모습을 대형 스크린에 보여주기

▲ 2021년 제주포럼 행사장에서 비주얼씽킹 공유하기

비주얼씽킹과 비슷한 개념을 가진 활동들이 있습니다. 정보를 빠르고 간단하게 표현한다는 공통점이 있지만 이용하는 상황에 따라 약간의 차이가 있습니다. 다음 내용을 참고하여 각 활동의 개념을 이해해봅니다.

비주얼씽킹

생각과 정보를 간단한 그림과 글로 정리하는 것입니다. 가장 기본적인 활동입니다.

스케치 노트(그래픽 서머리)

글과 그림으로 노트를 정리하는 것입니다. 동영상 요약하기, 독서록 등에 사용합니다.

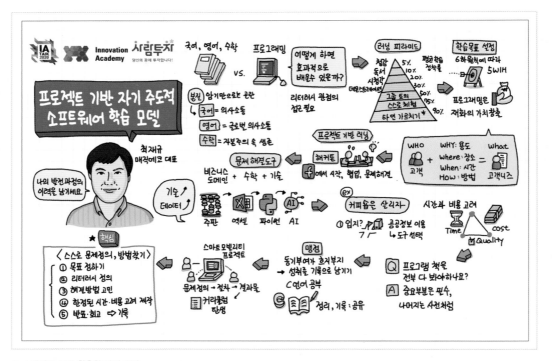

▲ 스케치 노트를 활용한 강의 요약

그래픽 퍼실리테이션

비주얼씽킹을 이용해 회의를 이끌어가는 것입니다. 참가자들의 참여를 촉진하고 발표 내용을 현장에서 요약 및 정리하여 공유합니다.

그래픽 리코딩

국제 콘퍼런스, 대형 행사장에서 발표 내용을 실시간으로 요약·정리하는 것입니다. 실시간으로 발표 내용을 요약해서 보여주거나 발표 직후 30초 정도의 타임랩스 영상으로 정리해서 보여주는 것도 가능합니다.

비주얼씽킹은 상황에 따라 다양한 방법으로 활용되지만 공통점은 글과 그림을 함께 이용해 정보를 요약하고 표현한다는 것입니다.

Lesson 5

디지털 비주얼씽킹을 위한 준비물

─ 하드웨어 준비하기 ─

당연하겠지만 디지털 비주얼씽킹을 위해서는 장비가 필요합니다. 이런 이유로 아날로그 방식과 달리 상대적으로 많은 비용이 발생하기도 합니다. 이미 사용하고 있는 장비가 있다면 새로 구입할 필요 없이 사용하던 장비로 시작하면 됩니다. 만약 새로운 기기를 구입한다면 다음 세 가지를 고려합니다.

큰 화면의 기기

화면(디스플레이)은 가능하면 클수록 좋습니다. 메모하는 상황을 상상해볼 때 손바닥 크기의 스마트폰에 메모하는 것과 A4 용지 크기의 스마트 태블릿에 메모하는 것 중 어떤 상황이 더 편할까요? 당연히 큰 크기의 장비가 작업하기에 편합니다. 따라서 디지털 비주얼씽킹을 위해 새로운 장비를 구입해야 한다면 화면이 큰 것으로 선택합니다. 다만 너무 큰 화면의 기기는 가격이 비싸고 휴대성이 떨어지므로 예산이나 작업 공간 등을 고려해 구입합니다.

입력과 출력이 동시에 되는 기기

비주얼씽킹과 같이 직접 그리는 작업은 펜 끝을 눈으로 보며 작업해야 합니다. PC에 연결해서 사용하는 판 태블릿은 펜 끝이 아닌 화면(모니터)을 보면서 작업해야 하므로 매우 불편합니다. 눈은 화면을 보고 손은 태블릿 위에서 움직여야 하므로 효율적이지 않습니다. 특히 초보자라면 작업 자체가 힘드므로 펜의 움직임을 액정 위에서 눈으로 직접 확인할 수 있는 스마트 태블릿을 추천합니다.

▲ 그리는 손과 화면을 바라보는 눈의 위치

소프트웨어 준비하기

익숙한 프로그램이 있다면 그것을 사용하는 것이 가장 좋습니다. 새로운 프로그램에 익숙해지기 위해 시간과 노력을 투자할 필요가 없기 때문입니다. 그러나 새로운 소프트웨어를 선택한다면 다음의 몇 가지를 고려합니다.

모든 운영체제에서 사용

특정 환경이나 운영체제만 지원하는 것은 아닌지 확인해야 합니다. PC, iOS, Android 등 다양한 운영체제에서 사용할 수 있어야 합니다. 예를 들어 최근 인기 있는 Procreate(프로크리에이트) 앱은 부담 없는 가격에 매우 훌륭한 기능을 제공하지만, 아쉽게도 아이패드에서만 사용할 수 있습니다.

부담 없는 비용

프로그램을 사용하려면 비용을 지불합니다. 따라서 프로그램 구입 시 비용의 적정성을 확인해야 합니다. 매월 사용료를 내는 방식인지, 한 번 구입하면 계속 쓸 수 있는 것인지도 꼭 체크합니다. 어도비의 포토샵을 아이패드에서 사용한다면 매월 프로그램 구독료를 결제해야 하며 1년간 10만 원이 넘는 비용이 발생합니다.

필요한 기능과 사용법

디지털 비주얼씽킹 작업에 필요한 드로잉 기능을 갖추고 있는지도 확인해야 합니다. 프로그램 실행 속도가 충분히 빠르고 안정적인지, 프로그램 사용 방법이 쉬운지 등도 살펴봅니다. 자주 사용해야 하는 프로그램인데 구동하기가 힘들고 사용 방법이 복잡하면 비주얼씽킹 작업을 수월하게 진행할 수 없습니다.

🎓 비주얼씽킹 전문가 NOTE | Sketchbook 앱

이상의 세 가지 조건을 모두 만족하는 소프트웨어가 Sketchbook 앱입니다. 이미 익숙하게 사용 중인 도구가 있다면 다음 장에서 소개하는 Sketchbook 앱 설명을 건너뛰고 비주얼씽킹 시작하기부터 실습해도 좋습니다. 이 책에서는 종이 스케치북과 Sketchbook 앱의 차별성을 드러내기 위해 Sketchbook 앱을 설명할 때는 영문 그대로 Sketchbook으로 표기하겠습니다.

▲ Sketchbook 앱

Beautiful to use

Purpose-built to sketch, Sketchbook has an intuitive and streamlined UI that doesn't get in the way of your drawing process, while providing all the essential features like layers and blend modes that a professional artist expects.

Hundreds of brushes

Sketchbook comes with a full complement of brush types: pencils, markers, airbrushes, paint, smear and more. Brushes are highly customizable so you can create just the look you want.

Fill with color

Build up color and bring your sketch to life. Using layers and color fill tools in Sketchbook you can apply a variety of techniques to color your work, including dynamic linear and radial gradients.

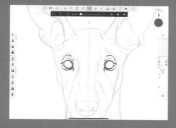

Smooth lines

For styles that seek precision, or those who just like a little help as they draw, Sketchbook has the tools to assist you. Traditional rulers, curved rulers, ellipse, and French curve tools are available to guide you, or you can also use the Predictive Stroke tool to draw perfectly smooth strokes.

Dynamic symmetry

Sketchbook's vertical, horizontal, and radial symmetry tools can help you capture your idea more easily by mirroring your pen strokes to create intricate designs instantly.

Natural pen interaction

Sketchbook is extremely responsive to a stylus; the experience feels natural like drawing on paper. As you draw, Sketchbook provides a faithful representation of your strokes with pressure and tilt, so you see the depth and directionality your hand intended.

▲ Sketchbook 홈페이지(http://www.sketchbook.com)

Chapter

2

Sketchbook과 친해지기

디지털 비주얼씽킹에 사용할 수 있는 프로그램은 매우 다양합니다. 사용 중인 프로그램이 있다면 그것을 사용하고 익숙한 프로그램이 없거나 비주얼씽킹에 최적화된 툴을 찾고 있다면 Sketchbook을 추천합니다. Sketchbook에 대해 차근차근 알아보겠습니다.

1

Sketchbook
시작하기

─ **Sketchbook** ─

Sketchbook 앱은 3D 소프트웨어를 개발하는 오토데스크에서 개발 및 배포하였습니다. 더욱 빠르고 효과적인 개발과 지원을 위해 2021년 여름부터 기존의 개발팀이 작은 회사로 분리되었습니다. Sketchbook 홈페이지 접속 주소는 https://www.sketchbook.com이며, 홈페이지에서 앱을 다운로드할 수 있습니다.

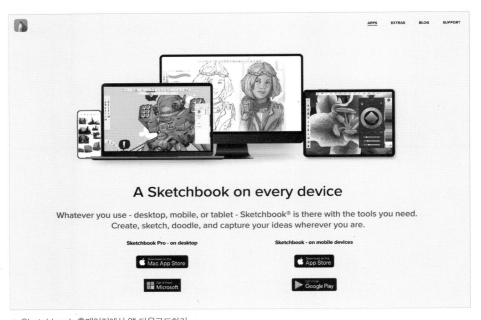

▲ Sketchbook 홈페이지에서 앱 다운로드하기

─ **Sketchbook의 특징** ─

앞서 디지털 비주얼씽킹을 위한 소프트웨어를 살펴볼 때, 작업에 가장 최적화된 Sketchbook 앱에 대해 소개했습니다. Sketchbook의 특징을 알아보겠습니다.

직관적 인터페이스

Sketchbook의 개발 철학은 종이 스케치북에서 하던 아날로그식 작업을 디지털에서 쉽게 하도록 만드는 것입니다. 따라서 복잡한 기능 대신 최대한 단순하게 접근하는 사용자 인터페이스를 제공합니다. 꼭 필요한 기능과 메뉴 위주로 구성되어 있어 앱을 처음 사용하는 초보자도 쉽게 기능을 익힐 수 있습니다.

다양한 플랫폼

Sketchbook은 거의 모든 플랫폼을 지원합니다. 크게 PC(데스크톱) 버전(Windows, MacOS)과 모바일 버전(iOS, Android)으로 나뉩니다. 물론 운영체제와 사용하는 기기에 따라 사용자 인터페이스와 기능은 조금씩 다를 수 있습니다.

TIP 083쪽에서 소개하는 저속 촬영 기능은 모바일 버전에서만 사용할 수 있습니다.

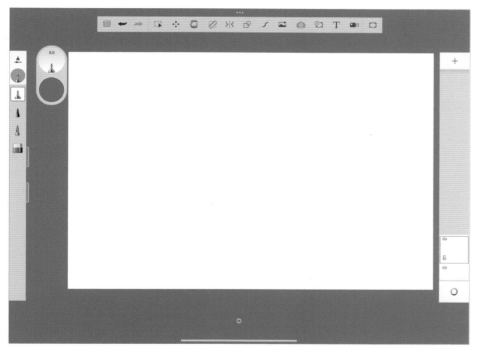

▲ 아이패드 프로 12.9에서 Sketchbook을 실행한 모습

▲ 갤럭시 탭 S6에서 Sketchbook을 실행한 모습

유료/무료

PC(데스크톱) 버전은 Sketchbook 프로(Sketch Book Pro)로 제공되며 유료입니다. Windows 버전 기준으로 24,900원입니다. 그러나 스마트폰과 스마트 태블릿에서 사용할 수 있는 모바일 버전은 무료로 사용할 수 있습니다. 계정을 만들고 한 번 로그인하면 계속 사용할 수 있습니다.

안정성

Sketchbook은 AutoCAD, 3ds Max 등 3D 프로그램을 개발 및 배포하는 오토데스크에서 오랜 시간 동안 개발하고 지원했습니다. 물론 지금은 Sketchbook.inc.라는 회사로 개발 주체가 바뀌었지만 앱에 대한 안정성은 두 말할 필요 없이 매우 가볍고 빠릅니다. 필자가 몇 년간 사용해본 결과 오류 없이 매우 안정적으로 구동됩니다.

단순한 기능

Sketchbook은 일러스트레이터와 같은 전문 드로잉 프로그램에 비하면 그 기능이 매우 단순합니다. 이미 다른 드로잉 프로그램을 사용해보았다면 Sketchbook의 단순한 인터페이스가 낯설게 느껴질 수도 있습니다.

2

Sketchbook 기본 기능 익히기

— 새 스케치 시작하기 —

Sketchbook에서는 새롭게 만드는 문서를 스케치라고 합니다. Sketchbook을 처음 실행한 후 갤러리 화면 하단에 있는 추가 ➕ 를 터치합니다. 선택한 앨범에서 새로운 스케치를 만들 수 있습니다. [새 스케치]를 터치합니다.

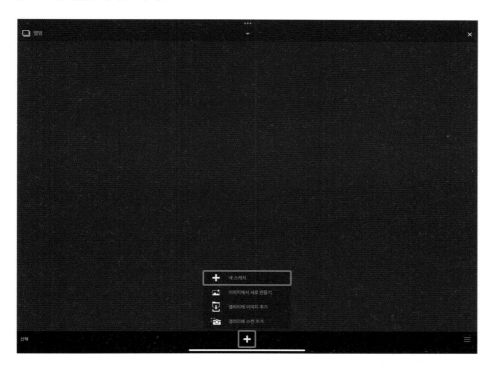

> **TIP** 이번 과정은 직접 Sketchbook 앱을 실행하여 실습해봅니다.

픽셀 치수(너비와 높이)를 설정하는 창이 나타납니다. 스케치의 픽셀 치수는 3000×2000px이 적당합니다. 원하는 크기를 설정할 수 있고, 이미 설정된 크기를 선택할 수도 있습니다. 이때 스케치의 픽셀 치수가 커지면 사용할 수 있는 레이어(도면층)의 숫자는 줄어듭니다. [작성]을 터치하면 새 스케치가 만들어집니다.

TIP 레이어(도면층)에 대한 자세한 내용은 이 책의 058쪽을 참고합니다.

— 스케치 저장하기 —

스케치를 저장하려면 왼쪽 상단에 있는 메뉴 ▤ 를 터치합니다. 메뉴 창이 나타나면 [저장]–[갤러리에 저장]을 터치합니다. 이렇게 저장된 스케치는 갤러리에서 확인할 수 있습니다.

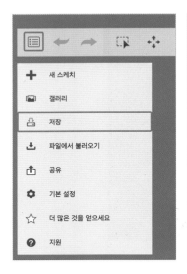

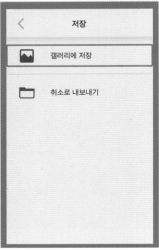

— 스케치 이름 바꾸기 —

새로 만들어진 스케치의 이름은 '제목 없음'으로 저장됩니다. 스케치의 이름을 변경하려면 [제목 없음]을 터치하고 새로운 이름을 입력합니다.

─ 앨범 만들기 ─

오른쪽 상단에 있는 메뉴▤를 터치한 후 [새 앨범]을 터치하면 새로운 앨범을 만들 수 있습니다. 앨범은 우리가 만드는 스케치를 모아두는 역할을 합니다. 일종의 폴더와 같습니다. 만들어둔 앨범을 지우고 싶다면 [앨범 삭제]를 선택합니다. 이때 앨범을 삭제하면 앨범 안에 있던 스케치까지 모두 삭제되니 주의합니다. 실수로 삭제했다면 왼쪽 상단에 있는 [휴지통]에서 찾을 수 있습니다.

─ 스케치를 다른 앨범으로 이동하기 ─

작업 중인 스케치를 다른 앨범으로 이동하려면 앨범과 스케치가 모두 보이도록 화면을 조절해야 합니다. 앨범이 보이지 않는다면 두 개의 손가락을 이용해 화면을 축소합니다.

왼쪽 하단의 [선택]을 터치하고 스케치를 선택합니다. 선택한 스케치에 파란색 테두리가 생깁니다. 이 상태에서 원하는 앨범으로 드래그하면 앨범에는 빨간색 테두리가 생기고 이 앨범으로 스케치가 이동됩니다.

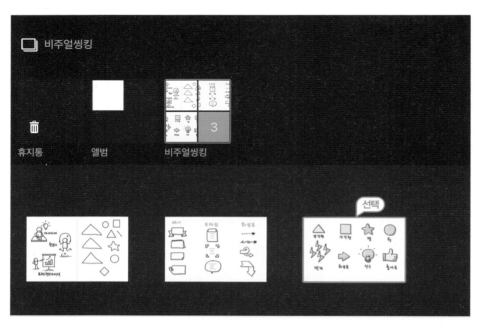

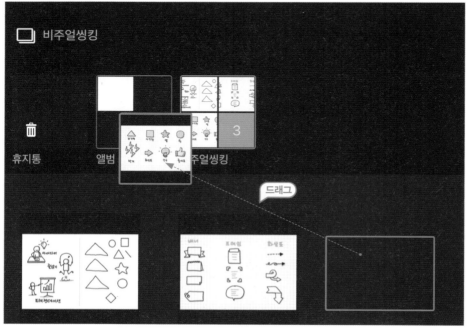

─ 스케치 삭제하기 ─

왼쪽 하단의 [선택]을 터치한 상태에서 앨범에서 삭제하려는 스케치를 선택하고 오른쪽 하단의 추가
작업▤을 터치합니다. [삭제]를 터치하면 스케치가 삭제되며 [휴지통]에 보관됩니다.

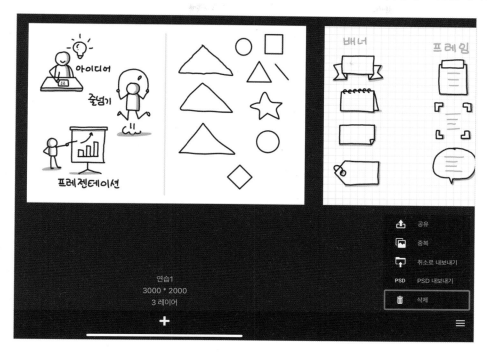

TIP [휴지통]에는 최근에 삭제된 순서대로 20개의 스케치가 보관됩니다.

3

도면층 활용하기

－ 레이어 －

레이어(도면층)는 복잡한 작업을 도와주는 편리한 기능으로, 투명한 비닐이 여러 개 겹쳐 있는 구성을 생각하면 이해하기 쉽습니다. 포토샵이나 일러스트레이터의 레이어(Layer)와 같은 의미이므로 사용법이나 기능은 어렵지 않습니다.

예를 들어 글자, 선, 채색, 그림자 등의 레이어가 모여 하나의 스케치가 완성됩니다. 각 레이어는 잠그거나 보이지 않게 숨길 수 있고 위아래의 위치를 바꿀 수도 있습니다. 물론 레이어를 사용하지 않고도 원하는 작업을 할 수 있지만, 레이어를 사용하는 것이 작업을 효율적으로 하는 데 도움이 됩니다.

레이어를 처음 사용한다면 조금 어려울 수 있습니다. 처음에는 두세 개의 레이어를 만들어서 사용해 보는 것을 추천합니다. 작업 중에 레이어를 분리하는 것은 불가능하므로 처음부터 레이어를 분리하고 시작합니다.

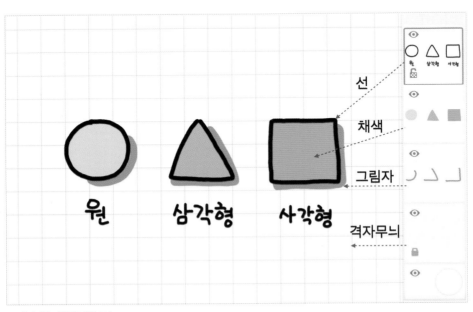

▲ 레이어를 이용한 작업 모습

수정 과정이 수월해집니다

Sketchbook 사용 시 레이어를 분리하여 작업하면 수정 과정이 매우 수월해집니다. 예를 들어 글자가 들어가는 부분만 레이어를 분리했다면 글자 부분만 숨길 수도 있고, 한글 레이어와 영어 레이어를 따로 만들어 두 개 언어로 표현하는 작품을 만들 수도 있습니다.

그림자를 따로 만들 수 있습니다

레이어를 사용하면 그림자만 분리해서 만들 수도 있습니다. 레이어 사용은 초보자와 고수를 구별할 수 있는 요소입니다. 레이어를 능숙하게 사용할 수 있게 되면 여러분은 더 이상 초보자가 아닙니다.

TIP 디지털 비주얼씽킹에 필요한 그림자를 만드는 방법은 이 책의 089쪽을 참고합니다.

파일 용량이 커집니다

레이어를 사용하면 레이어의 수만큼 파일 용량이 커집니다. 파일 용량이 커지면 Sketchbook 앱 구동이 느려질 수 있고, 완성된 작품을 공유하는 과정이 번거로워집니다. 따라서 레이어를 무작정 여러 개 만드는 것은 추천하지 않습니다.

작업에 집중해야 합니다

레이어를 사용하면 작업 단계마다 알맞은 레이어에서 작업하고 있는지 체크해야 합니다. 레이어가 많아지면 엉뚱한 레이어에 작업할 수 있는 가능성이 높아지므로 항상 작업에 집중해야 합니다.

─ 레이어 기능 이해하기 ─

Sketchbook에서 제공하는 레이어 메뉴의 항목과 기능을 살펴보겠습니다.

❶ **레이어 추가** ➕ **와 삭제** 🗑 : 레이어 팔레트 상단에 있는 추가 ➕ 를 터치하면 현재 레이어 위에 새로운 레이어가 만들어집니다. 삭제하고 싶은 레이어를 길게 터치하면 상단의 레이어 추가 ➕ 아이콘이 휴지통 🗑 으로 바뀝니다. 해당 레이어를 휴지통 🗑 으로 드래그하면 삭제됩니다.

❷ **복사** 🔲 , **잘라내기** ✂, **붙여넣기** 📋 : 현재 레이어에 있는 내용을 복사하거나 잘라낸 후 다른 레이어에 붙여 넣을 수 있습니다. 상단 도구 막대에 있는 선택 🔲 을 터치하면 추가 메뉴가 나타납니다. 원하는 기능을 터치하고 해당 레이어에서 일부 영역만 선택해서 복사하거나 잘라낸 후 다른 레이어에 붙여 넣을 수 있습니다.

> **TIP** 도구 막대에 대한 자세한 설명은 098쪽을 참고합니다.

❸ **중복** ▣ : 레이어를 복사해서 같은 내용(오브젝트)의 레이어를 하나 더 만듭니다.

❹ **지우기** ▣ : 레이어는 유지한 채 내용(오브젝트)만 삭제합니다. 선택 영역이 지정되어 있으면 선택 영역만 지워집니다.

❺ **병합** ▣ : 레이어 팔레트 중 선택한 레이어와 아래에 있는 레이어를 하나로 합칩니다.

❻ **모두 병합** ▣ : 모든 레이어를 하나로 합칩니다. 이 기능은 주의해서 사용해야 하므로 가능하면 하나씩 병합하는 것을 추천합니다.

❼ **삭제** ▣ : 현재 레이어를 삭제합니다.

❽ **도면층 잠그기** ▣ : 현재 레이어를 편집할 수 없게 잠급니다. 중요한 레이어를 보호할 때 사용합니다.

❾ **HSL 조정** ▣ : 레이어의 색조(Hue), 채도(Saturation), 광도(Luminance)를 변경할 수 있습니다.

❿ **색상 균형** ▣ : 그림자, 중간톤, 강조 표시(밝은 부분)의 색상을 조정할 수 있습니다.

⓫ **불투명도** : 선택한 레이어의 투명도를 조정합니다. 0이면 전혀 보이지 않게 투명해지고, 100이면 뚜렷하게 보입니다.

⓬ **레이어 숨기기, 잠그기** : 레이어 숨기기와 레이어 잠그기를 터치하면 해당 레이어를 숨기거나 잠글 수 있습니다.

▲ 레이어 숨기기와 잠그기

TIP 작업 중에 갑자기 원하는 과정이 진행되지 않을 경우 레이어의 다음 상태를 확인합니다.
- **숨김** : 레이어가 보이지 않게 숨겨져 있는 것은 아닌지 확인합니다.
- **잠금** : 레이어가 잠겨 있으면 드로잉 작업 및 편집을 할 수 없습니다.
- **선택** : 캔버스의 일부 오브젝트를 선택한 상태라면 선택 영역 안에서만 작업할 수 있습니다.

4

브러시 설정하기

─ 브러시 ─

연필, 색연필, 펜, 붓과 같이 드로잉에 사용하는 다양한 도구를 브러시라고 합니다. Sketchbook에서 기본으로 제공되는 브러시는 140개가 넘습니다. 브러시가 많으면 다양한 종류의 브러시를 사용해볼 수 있다는 장점이 있지만, 디지털 비주얼씽킹을 처음 시작하는 초보자에게는 생산성을 떨어트리는 단점이 되기도 합니다. 브러시를 선택하는 데 많은 시간을 소요하거나 브러시의 특징을 몰라서 어울리지 않는 브러시를 선택할 수 있기 때문입니다. 따라서 처음 시작하는 단계에서는 기본 브러시 몇 개만 선택해 반복 사용하는 것이 훨씬 효과적입니다.

브러시 라이브러리

라이브러리는 Sketchbook에서 제공하는 모든 브러시가 모여 있는 곳입니다. 화면 왼쪽의 브러시 ▲를 터치하면 브러시 모음을 확인할 수 있습니다. [라이브러리 ▬▬] 탭에서 원하는 브러시를 선택할 수 있고 [설정 ▬▬] 탭에서 선택한 브러시의 속성을 변경할 수 있습니다.

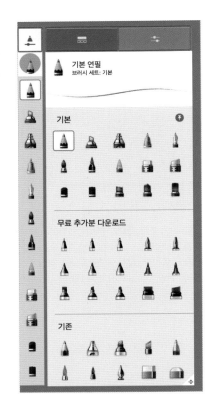

– 브러시 팔레트 설정하기 –

화면 왼쪽에 브러시가 세로로 모여 있는 영역을 브러시 팔레트라고 합니다. 기본 설정으로는 여러 개의 브러시가 목록에 나타나 있지만 디지털 비주얼씽킹에 유용한 브러시만 브러시 팔레트에 구성해두는 것이 좋습니다.

[라이브러리]는 [기본], [기존], [텍스처 필수 사항] 등과 같은 세트로 구성되어 있습니다. 세트 오른쪽 상단에 있는 파란색 핀📌을 터치하면 해당 세트 전체가 브러시 팔레트 목록으로 구성됩니다.

[기존] 세트에서 브러시를 하나 선택하고 핀📌을 터치합니다. [기존] 세트가 브러시 팔레트 목록으로 구성됩니다.

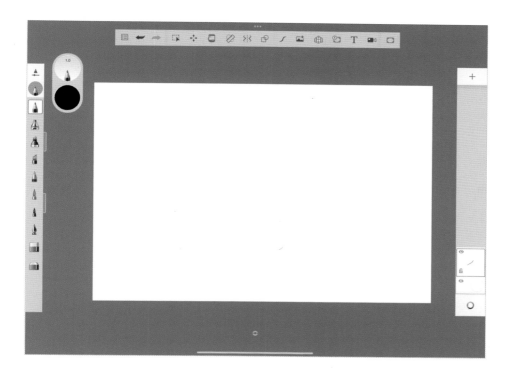

브러시 팔레트에서 브러시 순서 변경하기

브러시를 1초 정도 터치하면 브러시를 다른 세트로 옮기거나 순서를 바꿀 수 있습니다. [기존] 세트에서 브러시를 하나 선택하고 핀📌을 터치합니다. 가장 많이 사용하는 펠트펜📙(마커펜), 페인트 브러시📙, 각진 지우개📰, 연필📙 순서로 변경합니다. [일반] 세트에도 펠트펜📙(표준)이 있습니다. 이 표준 펠트펜을 브러시 팔레트 제일 위쪽으로 옮겨둡니다.

이제 브러시의 순서는 다음과 같습니다. 팔레트의 제일 앞쪽에는 두 가지 펠트펜이 있습니다. [설정] 탭에서 확인해보면 [표준]과 [마커펜]입니다. 브러시 유형이 다르므로 주의합니다. 표준 펠트펜은 선을 그릴 때 사용하고 마커펜 펠트펜은 그림자를 넣을 때 사용합니다.

TIP ▶ 자주 사용하는 다섯 가지의 브러시(펠트펜(표준, 마커펜), 페인트 브러시, 각진 지우개, 연필)로 구성

브러시 팔레트 설정 초기화하기

브러시 팔레트 설정을 처음으로 되돌릴 수도 있습니다. 메뉴▣를 터치하고 [기본 설정]-[공장 기본 값]-[모든 브러시 재설정(초기화)]을 터치합니다.

‒ 브러시 속성 설정하기 ‒

Sketchbook에서 제공하는 브러시는 개수도 많고 속성도 매우 다양합니다. 여기서는 간단히 기본 속성만 소개합니다. 각각의 브러시가 어떤 속성을 가졌고 어떤 특징을 표현하는지 확인하려면 직접 각 속성값을 설정해보며 다양하게 그려봅니다.

브러시 퍽과 색상 퍽 활용하기

브러시 속성을 변경하려면 퍽(Puck)을 이용합니다. 위에는 브러시 퍽, 아래는 색상 퍽으로 구성되어 있으며 이 두 가지를 묶어 더블 퍽이라고 합니다. 각 퍽을 터치한 후 손가락으로 화면을 상하좌우로 드래그하면 속성을 설정할 수 있습니다. 브러시 퍽을 선택한 후 좌우로 드래그하면 브러시의 크기를 조절할 수 있고 상하로 드래그하면 불투명도를 조절할 수 있습니다. 색상 퍽을 선택한 후 좌우로 드래그하면 색상의 채도(선명도)를 조절할 수 있고 상하로 드래그하면 광도(밝기)를 조절할 수 있습니다.

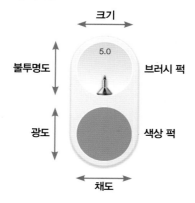

더블 퍽을 사용하지 않고 브러시의 크기와 불투명도를 설정할 수도 있습니다. 브러시 팔레트의 오른쪽 가장자리에 두 개의 슬라이드가 있습니다. 위에 있는 슬라이드를 위아래로 움직이면 브러시의 크기를 조절할 수 있고, 아래에 있는 슬라이드를 위아래로 움직이면 불투명도를 조절할 수 있습니다.

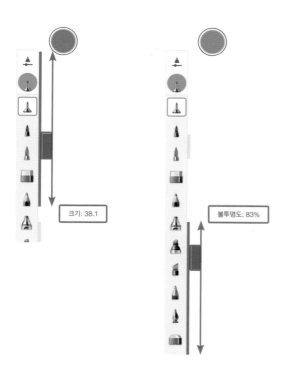

화면에서 더블 퍽이 보이지 않는다면 화면 중앙 하단의 작은 동그라미 를 터치합니다. 설정 아이콘이 나타나면 더블 퍽을 터치해 화면에 더블 퍽을 표시합니다.

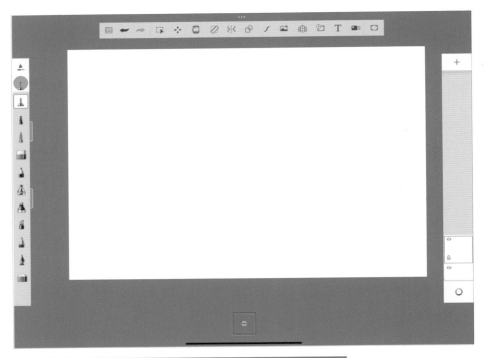

Lesson 5

비주얼씽킹의 완성도를 높이는 브러시 설정

− 선 테두리 선명하게 하기 −

Sketchbook에서 제공하는 대부분의 브러시는 자연스러운 느낌을 표현하기 위해 경계가 부드럽게 설정되어 있습니다. 그러나 우리의 눈은 선명한 것을 좋아합니다. 흐리고 안개 낀 날씨보다 맑고 쨍쨍한 날씨를 좋아하는 것과 비슷합니다. 따라서 디지털 비주얼씽킹을 처음 시작하는 초보자라면 선명한 선을 사용해야 깔끔한 결과물을 얻을 수 있습니다.

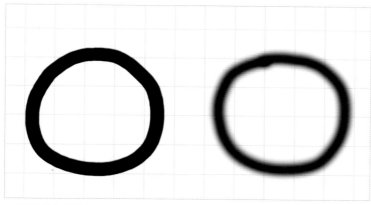

▲ 선명한 선과 흐린 선

선명한 선으로 설정하기

선 테두리를 선명하게 만들려면 Sketchbook에서 원하는 브러시 모양을 선택하고 값을 수정해야 합니다. Sketchbook을 실행하고 원하는 브러시를 선택합니다. 브러시 창에서 [설정]−[고급] 탭을 터치합니다.

여러 가지 선택 사항 중 압력에서의 흐름, 스탬프의 간격, 펜촉의 경도를 다음과 같이 설정합니다. 이 값만 설정해줘도 선명한 선을 만들 수 있습니다.

❶ [높은 압력에서의 흐름], [낮은 압력에서의 흐름]은 100%, ❷ [스탬프]−[간격]은 가장 낮은 값인 0.1, ❸ [펜촉]−[경도]는 가장 단단한 값인 100으로 설정합니다.

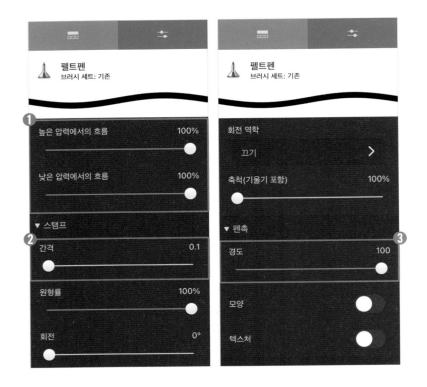

─ 선 굵기 균일하게 하기 ─

최신 스타일러스(애플 펜슬, S펜 등) 제품은 펜을 누르는 압력을 1,024~8,096단계로 감지할 수 있습니다. 그러나 아무리 기술이 발달해도 초보자가 자유자재로 필압을 조절하는 것은 쉽지 않습니다. 따라서 이 책의 모든 실습은 압력 감지 기능은 사용하지 않고 균일한 펜의 굵기를 이용합니다. 실력이 늘고 필압을 자유롭게 조절할 수 있게 되면 그때 압력 감지 기능을 사용하는 것이 좋습니다.

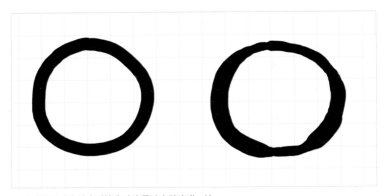

▲ 일정한 굵기의 선과 필압에 따라 굵기가 달라지는 선

균일한 굵기로 설정하기

필압을 무시하고 선의 굵기를 균일하게 설정하려면 Sketchbook에서 원하는 브러시 모양을 선택하고 값을 수정해야 합니다. Sketchbook을 실행하고 원하는 브러시를 선택합니다. 브러시 창에서 [설정]−[고급] 탭을 터치합니다.

여러 가지 선택 사항 중 압력에서의 크기를 다음과 같이 설정합니다. [높은 압력에서의 크기]와 [낮은 압력에서의 크기]를 동일하게 설정합니다.

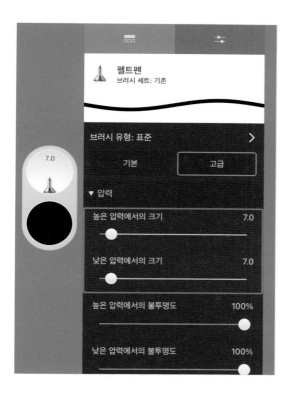

Lesson 6

비주얼씽킹의 완성도를
높이는 드로잉 스킬

― 선과 선이 맞닿게 하기 ―

이 책은 처음부터 채색을 하지는 않습니다. 디지털 비주얼씽킹을 시작하는 초보자를 위해 초반의 실습은 선과 그림자만을 이용해 작업합니다. 채색은 드로잉을 먼저 익히고 시작합니다. 채색을 빠르고 쉽게 하려면 선이 만나는 부분이 정확히 맞닿도록 그려야 합니다. 선을 넘게 되면 삐져나온 부분 때문에 지저분해 보이고, 선이 모자라면 채우기 기능을 적용하기 위해 다시 선을 이어주는 추가 작업을 해야 합니다. 따라서 처음부터 모서리 선을 딱 맞게 그려야 채색이 깔끔하게 적용됩니다.

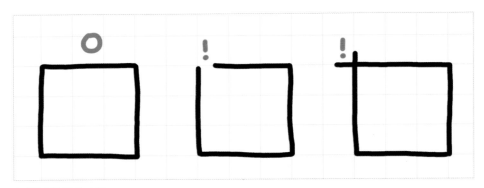

▲ 선과 선이 만나는 부분

― 천천히 그리기 ―

TV 방송이나 유튜브 영상을 보면 전문가들은 빠른 속도로 그림을 그리고 짧은 시간 안에 한 작품을 뚝딱 완성합니다. 물론 많은 연습을 하면 전문가 수준으로 빠르게 작업할 수 있겠지만, 디지털 비주얼씽킹을 처음 시작하는 초보자라면 아직 갈 길이 멉니다. 원하는 대로 손을 움직이려면 충분한 연습이 필요합니다. 드로잉이 익숙해지기 전까지는 가능하면 천천히 그리는 것이 좋습니다. 천천히 그리면 원하는 선을 좀 더 정확하게 그릴 수 있게 됩니다. 정확하게 그리는 것이 익숙해지면 어느 순간

손의 움직임도 빨라집니다. 어느 정도 수준에 다다르기 전까지는 의식적으로 손을 천천히 움직이면서 정확하게 그리는 연습을 하는 것이 좋습니다.

─ 크게 그리기 ─

디지털 비주얼씽킹의 장점은 화면의 확대와 축소가 매우 쉽다는 것입니다. 스마트 태블릿을 사용할 때 두 개의 손가락을 벌리거나 오므리면 순식간에 캔버스를 확대하거나 축소할 수 있습니다. 필자는 디지털 비주얼씽킹 작업 시 화면을 150~200%로 크게 확대해놓고 그립니다. 캔버스를 확대해서 작업하면 좀 더 세밀하고 깔끔하게 작업할 수 있습니다.

7

색상을 선택하는
네 가지 방법

─ 색상 펙에서 선택하기 ─

디지털 비주얼씽킹 작업 중 원하는 색상을 빠르게 선택하는 것은 작업에 무척 중요한 역할을 합니다. 가장 기본적인 색상 선택 방법은 색상 펙을 활용하는 것입니다. 더블 펙에서 색상 펙을 터치하면 색 선택기가 나타납니다. 이때 색상 휠에서 원하는 색상을 직접 터치하여 색상을 선택할 수 있습니다. 또는 스포이트▨를 선택하고 이미지에서 특정 부분을 터치하여 색상을 추출할 수도 있습니다. 원하는 색상을 선택한 후에는 상단의 색상 막대를 드래그하여 사용자 색상에 추가한 후 다음 작업에서 빠르게 활용할 수 있습니다.

─ 레이어 팔레트에서 선택하기 ─

캔버스 오른쪽에 있는 레이어 팔레트를 활용할
수도 있습니다. 레이어 팔레트 아래에 있는 색상
원을 터치하면 색상을 선택할 수 있는 색상 목록
이 나타납니다. 색상 목록은 현재 색상을 기준으
로 스펙트럼처럼 다양한 색상이 펼쳐집니다. 드
래그하여 더 많은 색상을 확인할 수 있고 위에 있
는 색상 원을 터치하여 색 선택기를 불러올 수도
있습니다. 레이어 아이콘◒을 터치하면 레이어
팔레트로 바뀝니다.

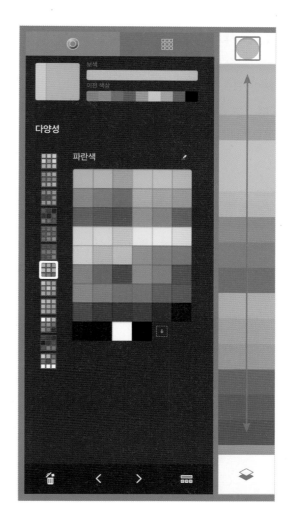

─ 스포이트로 선택하기 ─

화면 중앙 하단의 작은 동그라미◎를 터치하면 다섯 개의 빠른 메뉴가 나타납니다. 스포이트✎를
터치하면 캔버스에 사용한 색상을 선택하여 추출할 수 있는 기능이 적용됩니다.

─ 손가락으로 선택하기 ─

손가락으로 캔버스의 특정 영역을 길게 터치하면 색상을 선택할 수 있는 십자 모양의 원⊕이 나타나 해당 영역의 색상을 추출합니다. 캔버스에서 사용한 색상을 선택할 때 가장 빠른 방법입니다.

TIP 손가락으로 캔버스를 길게 터치해도 색상이 추출되지 않을 수 있습니다. 이때는 메뉴▦를 터치하고 [기본 설정]을 선택합니다. 기본 설정 화면에서 [탭한 후 계속 눌러 색 선택기 이용]이 활성화되어 있는지 확인합니다.

🎓 비주얼씽킹 전문가 NOTE   색 선택기가 달라요!

Sketchbook은 모든 운영체제를 지원하지만 iOS의 아이패드와 Android의 갤럭시 탭은 인터페이스가 다릅니다. 특히 메뉴 모양과 기능이 다르기 때문에 Sketchbook을 처음 사용하는 Android 사용자는 이 책에서 소개하는 인터페이스와 달라서 헤맬 수도 있습니다. 다음은 Android의 색상 선택 메뉴입니다.

▲ Android의 색상 선택 메뉴

그리드(격자무늬) 배경 활용하기

― 그리드(격자무늬) 배경 ―

디지털 비주얼씽킹을 진행할 때 그리드(격자무늬) 배경을 활용하는 것이 좋습니다. 비주얼씽킹이 처음인 초보자가 큰 캔버스에 바로 드로잉을 하게 되면 상하좌우 대칭이 맞지 않고 오브젝트의 크기도 제각각 그리게 되어 완성도가 떨어집니다.

아쉽게도 Sketchbook은 그리드 배경을 지원하지 않습니다. 하얀 종이 위에 그리는 경험에 충실하기 위함이 아닐까 추측해봅니다. 따라서 그리드 이미지를 따로 불러와 레이어 맨 아래에 배치하고 작업을 이어나가는 것이 좋습니다.

TIP 이 책의 모든 실습은 그리드 배경 이미지를 활용합니다. 다음 실습을 참고하여 디지털 비주얼씽킹 작업에 그리드 배경을 적용해봅니다.

▲ 그리드(격자무늬) 배경

─ 그리드 배경 설정하기 ─

01 준비 파일(Chapter 2\격자무늬.jpg)을 태블릿(아이패드, 갤럭시 탭 등)에 다운로드합니다.

TIP 준비 파일을 다운로드하는 방법은 이 책의 025쪽을 참고합니다.

02 ❶ Sketchbook을 실행하고 파일 불러오기 ▥를 터치합니다. ❷ 아래 메뉴에서 이미지 ▥를 터치합니다.

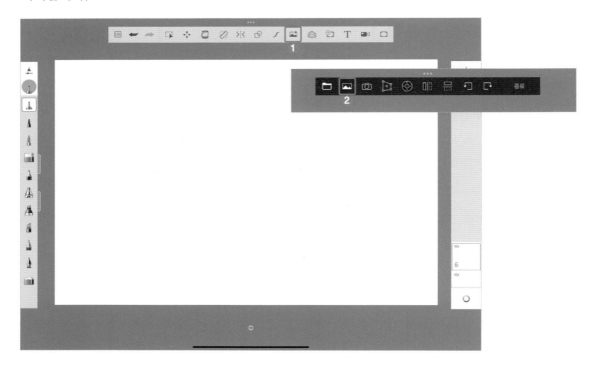

03 다운로드한 그리드 이미지 파일을 선택합니다.

04 크기와 위치를 적당하게 조절한 후 [종료]를 터치합니다.

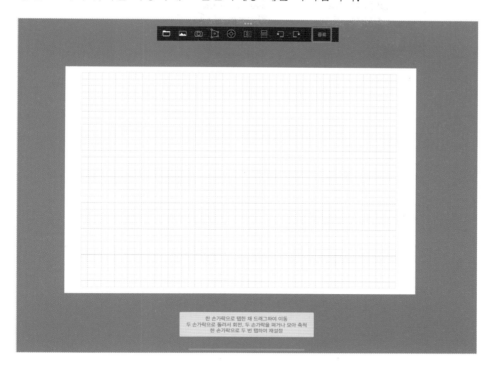

05 ❶ 레이어 팔레트에서 그리드 레이어를 터치합니다. ❷ 레이어 메뉴에서 [불투명도]를 50%로 설정합니다.

06 레이어 메뉴에서 [도면층 잠그기]를 터치합니다. '현재 도면층이 잠겨 있음'이라는 메시지가 나타나며 레이어가 잠깁니다. 잠긴 레이어에서는 작업을 할 수 없습니다.

그리드(격자무늬) 배경 설정 시 유의사항

그리드 이미지 파일을 불러와 배경으로 활용할 때 주의할 것이 있습니다. 절대 그리드 배경 위에 직접 드로잉하면 안됩니다. 그리드는 작업을 쉽게 진행할 수 있도록 도와주는 참고용 이미지입니다. 이미지를 불러오면 자동으로 새로운 레이어가 만들어집니다. 모든 작업이 끝나면 그리드는 숨길 수 있도록 처음부터 레이어를 분리해서 작업합니다. 또한 **05~06** 과정처럼 그리드의 불투명도를 조절하고 레이어를 잠근 후 작업합니다. 그리드는 반드시 불투명도를 조절해 희미하게 보이게 설정한 후 작업해야 실수를 금방 알아차릴 수 있습니다. 실수로 그리드 위에 작업했다면 앞서 불투명도를 50%로 줄였기 때문에 자신이 그린 선이 희미하게 보일 것입니다.

Lesson

편리한 작업을 위한
환경 설정

━ Sketchbook 기본 설정하기 ━

왼쪽 상단에 있는 메뉴▤를 터치합니다. 설정 창이 나타나면 [기본 설정]을 터치합니다. 기본 설정에서는 손가락 스와이프나 펜 연결, 공장 기본값 등 Sketchbook의 환경을 설정할 수 있습니다.

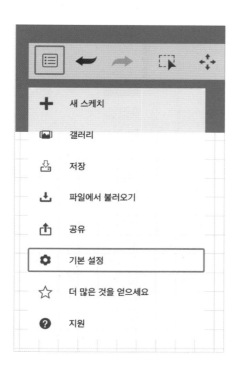

━ 캔버스 회전 기능 비활성화하기 ━

Sketchbook은 손가락으로 캔버스 줌 기능과 회전 기능을 쉽고 빠르게 적용할 수 있습니다. 하지만 캔버스 회전 기능은 끄고 작업을 진행하는 것이 좋습니다. 우리가 종이에 그림을 그릴 때 종이가 수시로 회전한다면 불편하기 때문입니다. 기본 설정에서 [캔버스 회전]을 비활성화합니다.

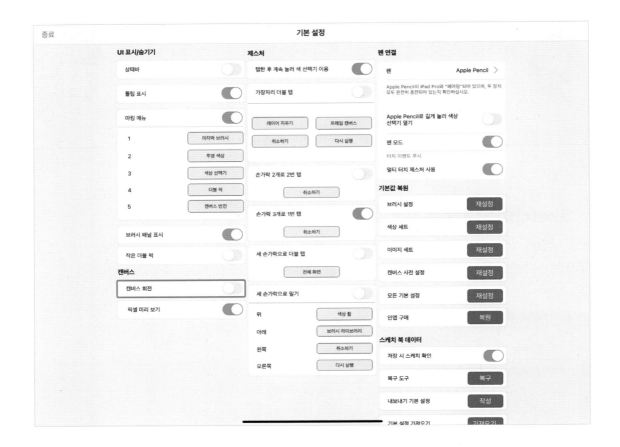

펜 모드 활성화하기

디지털 비주얼씽킹은 손가락이 아닌 별도의 스타일러스 펜으로 작업합니다. 애플 펜슬, S펜 또는 각자의 취향에 맞는 다양한 종류의 펜을 사용합니다. 작업 도중 손바닥이 살짝만 스쳐도 선이 그려진다면 어떨까요? 원하지 않는 선이 그려지면 지우개 브러시로 선을 지우거나 취소하기 기능을 적용해야 하므로 작업 능률이 떨어질 것입니다. 이때 활용할 수 있는 설정이 펜 모드입니다. 오직 펜으로만 드로잉할 수 있는 설정이며, 펜 모드를 활성화하면 손가락으로 화면을 아무리 터치해도 선이 그려지지 않습니다. 기본 설정에서 [펜 연결]−[펜 모드]를 활성화합니다.

멀티 터치 제스처 사용 활성화하기

펜 모드에서는 손가락으로 선이 그려지지는 않지만, 화면을 확대 · 축소하거나 이동하는 작업은 필요합니다. 따라서 [펜 연결]−[멀티 터치 제스처 사용]은 활성화해야 합니다.

손가락으로 스포이트 기능 이용하기

앞서 072쪽에서 설명한 색상 선택 방법 중 스포이트 기능을 이용하는 방식입니다. [탭한 후 계속 눌러 색 선택기 이용]을 활성화하면 손가락으로 캔버스를 길게 터치해 스포이트 기능을 적용할 수 있고, 색 선택기가 나타나 다양한 색을 선택할 수 있습니다.

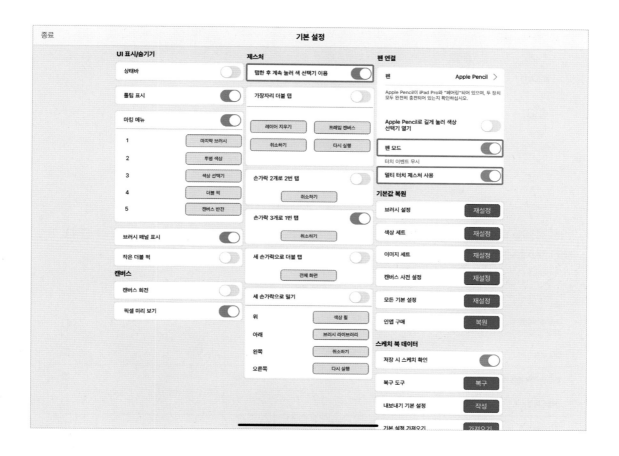

Android 운영체제를 사용한다면 인터페이스가 다르게 표시됩니다. 메뉴를 터치해 설정 창이 나타나면 [펜 모드]를 바로 설정할 수 있습니다. [켜기]를 터치해 체크하고 [멀티 터치 제스처 사용]도 체크합니다.

[기본 설정]을 터치하면 기본 설정으로 이동합니다. [캔버스 회전]은 체크 해제하고 [탭한 후 계속 눌러 색 선택기 이용]은 체크합니다.

저속 촬영이란?

디지털 비주얼씽킹의 장점 중 하나는 작업 과정과 결과물을 쉽게 공유할 수 있다는 점입니다. 최근에는 작업 과정을 영상으로 촬영해 비주얼씽킹이 완성되어 가는 과정을 보여주는 경우도 많습니다.

Sketchbook의 저속 촬영(타임 랩스) 기능을 활용하면 작업 과정을 그대로 녹화해 동영상 파일로 저장하고, 이를 다른 사람과 공유할 수 있습니다. 인터페이스의 도구를 제외한 캔버스 바탕과 캔버스에 그려지는 그림만 녹화됩니다. 이렇게 녹화한 동영상 파일의 러닝 타임은 실제 작업 시간보다 1/12 정도가 줄어든 채로 완료됩니다. 일반적인 동영상과 달리 캔버스 위에서 드로잉 작업이 이루어지는 순간만 녹화되어서 파일 용량도 작은 편입니다.

실제로 디지털 비주얼씽킹 작업 과정을 녹화해보면 12배속으로 빠르게 진행되어 전문가처럼 멋진 작업을 이루는 것으로 나타납니다. 또한 디지털 비주얼씽킹 작업을 동영상 파일로 저장해두면 어떤 과정을 통해 비주얼씽킹 결과물이 완성되었는지 확인하기 쉽고, 유튜브나 SNS 등에 업로드하여 나만의 콘텐츠로 활용할 수도 있습니다.

TIP Sketchbook의 저속 촬영 기능은 모바일 버전에서만 제공되며, PC(데스크톱) 버전에서는 사용할 수 없습니다.

촬영 시작하고 종료하기

저속 촬영을 시작하는 방법은 무척 간단합니다. 상단 도구 막대의 오른쪽에 있는 저속 촬영🎥을 터치합니다. 아이콘 색상이 반전되고 빨간색 불이 깜빡이면 촬영이 시작된 것입니다.

▲ 저속 촬영 아이콘

▲ 녹화 진행 중인 저속 촬영 아이콘

저속 촬영을 종료하려면 저속 촬영🎥을 한 번 더 터치합니다. 오른쪽과 같이 저속 촬영 창이 나타납니다.
[계속]을 터치하면 저속 촬영을 이어갈 수 있고, [버리기]를 터치하면 현재 녹화된 파일을 삭제할 수 있습니다. 녹화된 파일을 동영상으로 저장하려면 [사진 라이브러리에 저장]을 터치합니다. [재생 시간]과 [세션 기간]이 표시되는데, [재생 시간]은 녹화된 동영상의 러닝 타임이며, [세션 기간]은 작업 시간을 나타냅니다. 즉, 6분 3초 동안 작업한 내용이 21초 동영상 파일로 저장된다는 것을 확인할 수 있습니다. 참고로 저속 촬영 시 캔버스를 확대하거나 축소하면 녹화된 동영상도 화면 그대로 캔버스가 확대·축소되어 저장됩니다. 따라서 작업 중에 자주 캔버스를 확대하거나 축소하는 행동은 지양합니다.

Chapter

3

One-Step
비주얼씽킹

앞서 디지털 비주얼씽킹의 기본 지식과 Sketchbook의 핵심 기능을 알아보았습니다. 이번에는 디지털 비주얼씽킹을 본격적으로 시작하기 전에 간단한 도형을 그리고 그림자를 추가한 후 채색, 하이라이트까지 적용해보겠습니다. One-Step으로 이어지는 실습을 따라 하며 디지털 비주얼씽 킹을 쉽게 시작해봅니다.

Lesson

1

기본 작업
준비하기

STEP 1. 새 스케치 만들기

01 Sketchbook을 실행합니다. ❶ 갤러리 화면에서 ➕를 터치하고 ❷ [새 스케치]를 터치합니다.

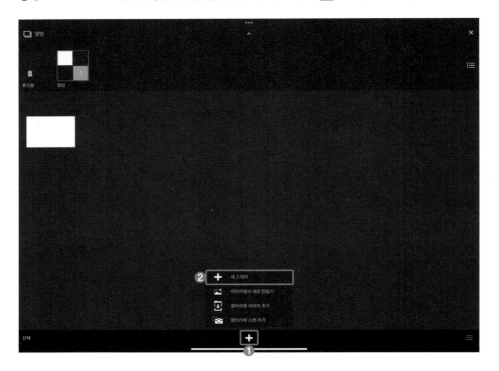

02 새 스케치 창이 나타나면 ❶ 픽셀 치수를 3000, 2000으로 설정하고 ❷ [작성]을 터치합니다.

03 ❶ 파일 불러오기 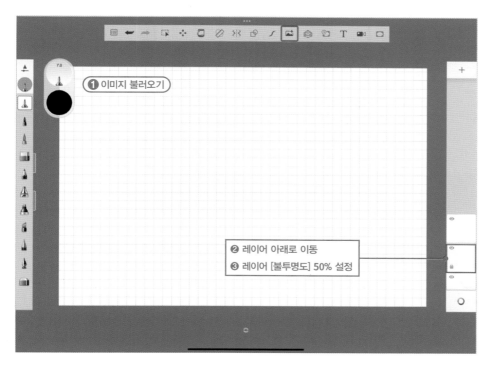 를 터치하고 그리드 이미지 파일을 불러옵니다. ❷ 그리드 레이어를 맨 아래에 배치하고 ❸ [불투명도]를 50%로 설정합니다. 이제 모든 작업 준비가 끝났습니다.

TIP 그리드 이미지 파일을 불러와 불투명도를 조절하는 과정은 이 책의 076쪽을 참고합니다.

STEP 1의 준비 과정은 디지털 비주얼씽킹의 모든 실습에서 꼭 필요한 첫 번째 단계입니다. 따라서 매번 새로운 파일을 만들 필요 없이 작업 준비가 끝난 파일을 따로 저장해두고, 이 파일을 불러와서 새 작업을 시작하는 것이 좋습니다.

STEP 2. 기본 도형 그리기

04 ❶ 레이어 추가 + 를 터치해 새 레이어를 추가합니다. ❷ 브러시 팔레트에서 **펠트펜(표준)**을 선택하고 ❸ 더블 픽에서 브러시 크기는 6.5, ❹ 색상은 **검은색**으로 설정합니다.

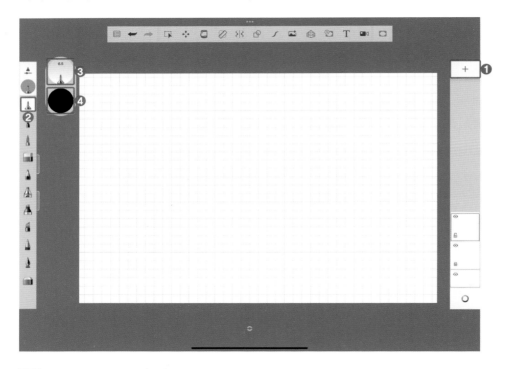

TIP ▶ 브러시 팔레트에 펠트펜(표준)이 설정된 상태여야 합니다. 브러시 라이브러리 설정에 대한 내용은 이 책의 062쪽을 참고합니다.

05 기본 도형을 그립니다. 그리드 레이어에 직접 그리지 않는 것이 중요합니다. 화면을 200% 확대해서 천천히 그립니다. 사람마다 그리는 속도가 다르지만 5~10분 정도면 기본 도형을 완성할 수 있습니다.

STEP 3. 그림자 그리기

06 ❶ 레이어 추가 ➕ 를 터치해 새 레이어를 추가하고 기본 도형 아래에 배치합니다. ❷ 브러시 팔레트에서 **펠트펜(마커펜)**을 선택하고 ❸ 더블 퍽에서 브러시 크기는 8, ❹ 색상은 **회색**으로 설정합니다. ❺ 다음과 같이 기본 도형에 그림자를 그립니다.

TIP 이번 과정에서는 추가한 새 레이어를 기본 도형을 그린 펜 선 레이어 아래에 배치한 후 그림자를 그렸습니다. 이렇게 그림자 레이어를 분리해서 작업하면 나중에 그림자 레이어만 보이거나 숨길 수 있어 매우 편리합니다.

07 펜 선과 그림자가 모두 적용되었습니다.

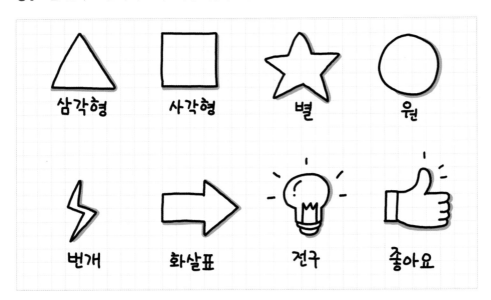

비주얼씽킹 전문가 NOTE   **입체감 표현하기**

그림자는 도형에 입체감을 표현하는 가장 중요한 요소입니다. 앞선 과정에서는 새 레이어를 추가하여 그림자를 그렸습니다. 그러나 선이나 도형을 그린 펜 선 레이어에 직접 그림자를 그릴 수도 있습니다. 이때는 펜 선 레이어를 복제한 후 레이어 하나는 숨긴 채 작업합니다.

펜 선 레이어에 직접 그림자 그리기
기본 도형을 그린 펜 선 레이어를 복제하고 하나는 숨겨둡니다. 그런 다음 기본 도형 위에 펠트펜(마커펜)으로 그림자를 그립니다.

펠트펜(마커펜)으로 칠하기

그림자를 그릴 때 사용하는 펜은 펠트펜(마커펜)입니다. 펠트펜(마커펜)은 자신의 색상보다 어두운 색상에는 영향을 끼치지 않고 밝은 부분에만 영향을 끼칩니다. 마치 공부할 때 사용하는 형광펜의 특징과 비슷합니다. 검은색 글자 위에 형광펜을 칠하면 글자가 덮여지지 않는 것과 같은 이치입니다. 검은색 선 위에 회색 선을 그려보면 검은색 위로는 회색이 드러나지 않고 아주 깔끔하게 표현됩니다. 하지만 검은색 선 위라도 펠트펜(마커펜)을 여러 번 칠하면 마치 지우개로 문지른 것처럼 흐릿한 자국이 생깁니다. 따라서 그림자를 표현할 때 주의해야 합니다.

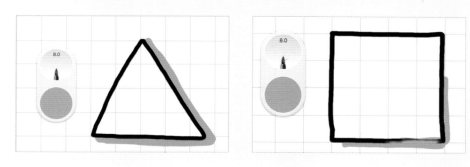

STEP 4. 채색하기

08 기본 도형에 색을 적용해보겠습니다. ❶ 더블 퍽에서 임의의 색상을 선택하고 ❷ 도구 바의 채우기 ▨를 터치합니다. ❸ 채우기 기능 중 솔리드 채우기 ▧를 선택하고 ❹ 원하는 영역을 터치합니다. 색이 채워집니다.

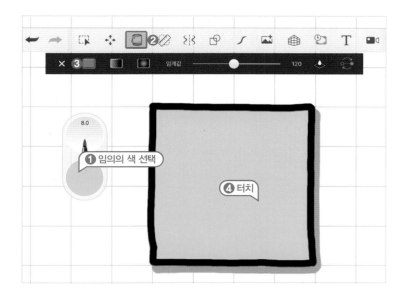

09 같은 방식으로 각 도형에 색을 채웁니다. 채색만으로도 간단한 비주얼씽킹이 완성되었습니다.

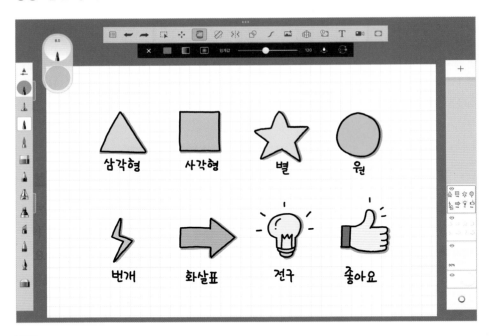

TIP 색을 채울 때는 선과 선이 맞닿아야 도형 안에 색이 깔끔하게 채워집니다. 자세한 내용은 이 책의 070쪽에서 디지털 비주얼씽킹의 완성도를 높이는 방법을 확인합니다.

🎓 비주얼씽킹 전문가 NOTE **효율적으로 채색하기**

디지털 비주얼씽킹의 가장 큰 장점은 채색이 매우 쉽다는 것입니다. 선을 그리는 것보다 더 빠르게 작업할 수 있습니다. 특히 Sketchbook에서 디지털 비주얼씽킹 작업을 진행하면 다양한 방법으로 초보자도 쉽게 채색할 수 있습니다. 채색은 채우기 기능을 활용합니다. 도구 바의 채우기 🔲를 터치하면 솔리드 채우기, 선형 채우기, 원형 채우기 아이콘이 나타납니다. 하나를 선택하고 원하는 영역을 터치하면 순식간에 채우기 기능이 적용됩니다.

솔리드 채우기
채우기 기능의 첫 번째 옵션으로, 닫혀 있는 부분을 단색으로 채울 때 선택합니다.

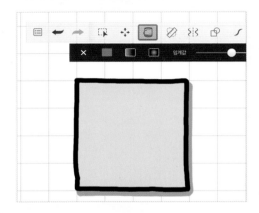

선형 채우기

두 가지 이상의 색상을 이용해 부드럽게 변화하는 그레이디언트를 표현할 수 있습니다. 색상을 채울 영역을 터치한 채 드래그해서 선형 채우기 범위를 지정합니다. 그런 다음 각 색상 조절점을 선택해서 색상을 변경하여 적용합니다.

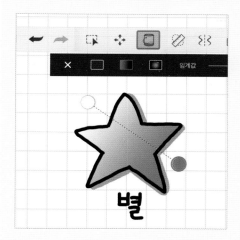

원형 채우기

그레이디언트를 원형으로 만들 수 있습니다. 사용 방법은 선형 채우기와 같습니다.

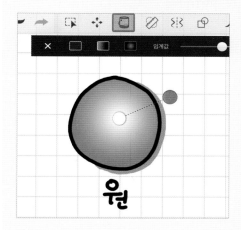

색상 조절점 추가하기

선형 채우기와 원형 채우기는 기본적으로 세 가지 색상 조절점이 나타납니다. 색상 조절점의 개수는 추가하거나 삭제할 수 있습니다. 색상 조절점을 추가하려면 색상 조절점 사이의 점선 중앙을 터치하면 됩니다.

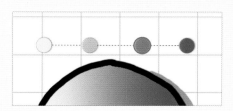

색상 조절점 삭제하기

색상 조절점을 삭제하려면 색상 조절점을 터치한 채 밖으로 드래그하여 이동합니다. 색상 조절점이 삭제됩니다.

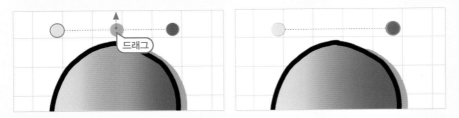

임계값(공차)

펜을 사용할 때는 부드러운 표현을 위해 배경과 선을 완전히 구분하지 않고 부분적으로 중간 색상을 사용합니다. 이 중간 부분을 완전히 채우고 싶다면 임계값을 높여야 합니다. 임계값은 1~255까지 설정할 수 있으며, 임계값이 낮으면 중간 영역을 채울 수 없고 임계값이 높으면 중간 부분을 완전히 채울 수 있습니다. 단, 임계값이 너무 높으면 원하지 않는 영역까지 채워지므로 유의해야 합니다.

▲ 임계값을 1로 설정한 경우 : 중간 영역이 완벽하게 채워지지 않음   ▲ 임계값을 255로 설정한 경우 : 중간 영역이 모두 채워짐

도면층 샘플링

도면층 샘플링을 터치하면 현재 레이어에 선이 없어도 다른 레이어에 있는 선을 이용해 채색할 수 있습니다. 다른 레이어에 있는 선을 이용해 채색할 수 있다는 것은 큰 장점이지만, 초보자가 사용하기에는 다소 헷갈릴 수 있으므로 주의해야 합니다. 도면층 샘플링은 두 가지 아이콘으로 나타나는데, 한 개의 도면층 샘플링과 모든 도면층 샘플링입니다.

- **한 개의 도면층 샘플링** : 현재 선택한 레이어의 선을 이용해 채색합니다.
- **모든 도면층 샘플링** : 모든 레이어의 선을 참고해서 채색합니다.

반전

선형 채우기 또는 원형 채우기를 실행한 후 그레이디언트를 이루는 양쪽 끝의 색상 조절점을 서로 바꿔줍니다.

채우기 기능은 앞으로 많이 사용할 기능이니 익숙해지도록 충분히 연습하는 것이 좋습니다. 채색 전에 잊지 말아야 할 것은 '선을 그릴 때 닫혀 있는 영역'이 되도록 그려야 한다는 것입니다. 닫혀 있는 부분은 하나의 영역으로 인식해 채우기 기능을 적용하면 빠르게 채색할 수 있습니다. 이 책에서는 빠르고 간단한 디지털 비주얼씽킹 작업을 위해 솔리드 채우기 기능을 주로 사용하였습니다.

Lesson

2

완성도를 높여줄 입체감 표현하기

STEP 1. 어두운 부분(그림자) 그리기

01 앞선 과정과 동일하게 새 레이어를 추가하고 브러시 팔레트에서 **펠트펜(마커펜)**을 선택합니다. 더블 턱에서 브러시 크기는 10, 색상은 기존 색상의 명도보다 어두운 색상으로 설정합니다. 다음과 같이 기본 도형 위에 어두운 부분을 그려 그림자를 표현합니다.

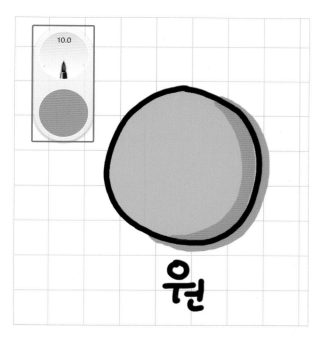

> **TIP** 디지털 비주얼씽킹은 가능하면 빠르고 간단하게 표현하는 것이 좋습니다. 앞선 **Lesson 1**의 실습처럼 굵은 선과 그림자, 간단한 채색만으로도 정보를 표현하기에 충분합니다. 그러나 상황에 따라 채색을 돋보여줄 입체 표현이 필요한 경우도 있습니다. 여기에서는 초보자를 위한 쉽고 간단한 입체감 표현 방법을 설명하였습니다.

> **TIP** 명도가 낮은 어두운 색상을 선택할 때는 손가락이나 스포이트를 활용해 원래 색상을 선택한 후 색상 턱을 아래로 내려 명도를 낮춥니다.

STEP 2. 밝은 부분(하이라이트) 그리기

02 새 레이어를 추가하고 브러시 팔레트에서 **페인트 브러시**를 선택합니다. 더블 퍽에서 브러시 굵기는 **10**, 색상은 **흰색**으로 설정합니다. 다음과 같이 기본 도형 위에 밝은 부분을 그려 하이라이트를 표현합니다.

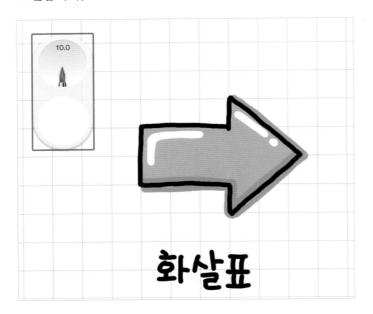

> TIP ▶ 명도가 높은 밝은 색상을 선택할 때는 손가락이나 스포이트를 활용해 원래 색상을 선택한 후 색상 퍽을 위로 올려 명도를 높입니다. 브러시의 설정에 따라 간격과 경도를 조절해 선명한 선으로 만드는 것이 중요합니다.

03 기본 도형에 그림자와 하이라이트를 적용해 마무리합니다.

One-Step으로 알아보는 디지털 비주얼씽킹의 과정을 살펴보았습니다. 시간적 여유가 있다면 모든 작업 과정을 따라 해볼 수도 있지만, 상황에 따라 적당한 수준에서 마무리하는 것도 좋습니다.

비주얼씽킹 작업 과정

① 펜 선 그리기 ➡ ② 그림자 그리기 ➡ ③ 채색하기 ➡ ④ 입체감(그림자, 하이라이트) 표현하기 단계를 거치면서 어떤 변화가 있는지 살펴봅니다.

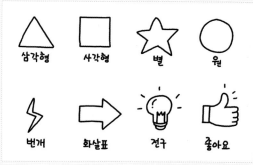

▲ 1단계 펜 선 그리기

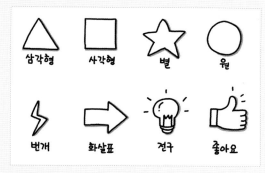

▲ 2단계 펜 선 + 그림자 그리기

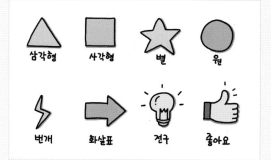

▲ 3단계 펜 선 + 그림자 + 채색하기

▲ 4단계 펜 선 + 그림자 + 채색 + 입체감 표현하기

단색 하이라이트로 강조하기

비주얼씽킹 작업 시간이 부족하거나 채색에 익숙하지 않다면 다음과 같이 한 가지 색상을 이용해 강조하는 것도 좋습니다. 강조색을 하이라이트 색상이라고 하며, 때로는 여러 가지 색상을 사용하는 것보다 오직 한 가지 하이라이트 색상을 사용하는 것이 비주얼씽킹의 정보를 전달하는 데 더욱 효과적입니다. 어떤 스타일로 작업할 것인지의 선택은 여러분의 몫입니다.

3

오브젝트 편집하기

─ 선택하기 ─

디지털 비주얼씽킹의 가장 큰 장점은 편집이 매우 빠르고 쉽다는 것입니다. 자주 사용하는 몇 가지 편집 기능을 익히면 편리하게 활용할 수 있습니다. 오브젝트 편집에서 가장 중요한 기능은 선택이며, 원하는 영역을 잘 선택하는 것이 편집의 시작입니다. Sketchbook에서는 다음과 같은 선택 방법을 사용할 수 있습니다.

올가미

펜슬이나 손가락을 이용해 자유롭게 영역을 선택할 수 있으며 복잡한 모양을 선택할 때 편리합니다. 도구 바에서 선택▣을 터치하고 올가미▣를 선택합니다. 그런 다음 선택하고 싶은 영역을 따라 드래그하면 원하는 영역이 선택됩니다.

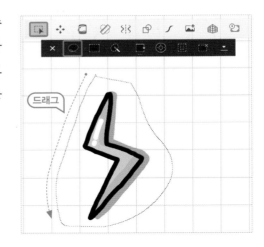

직사각형

직사각형 모양으로 선택할 수 있습니다. 도구 바에서 선택▣을 터치하고 직사각형▣을 선택합니다. 그런 다음 선택하고 싶은 영역을 드래그하면 원하는 영역이 직사각형 모양으로 선택됩니다.

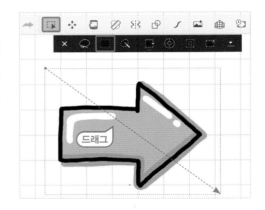

마술봉

같은 색상을 가진 영역을 선택할 수 있습니다. 임계값을 크게 설정하면 비슷한 색상 영역까지 전부 선택됩니다. 도구 바에서 선택 을 터치하고 마술봉 을 선택합니다. 그런 다음 선택하고 싶은 영역을 터치하면 같은 색상을 가진 영역이 선택됩니다.

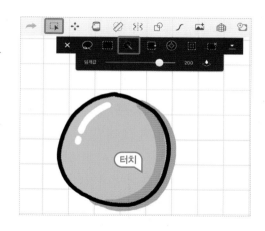

─ 선택 영역 변경하기 ─

도구 바에서 선택 을 터치하면 나타나는 추가 메뉴에서 오른쪽에 있는 네 개의 아이콘은 선택 영역을 변경할 수 있는 기능을 합니다. 이미 선택된 영역을 바꾸거나 이동, 반전 및 취소할 수 있는 기능을 수행합니다.

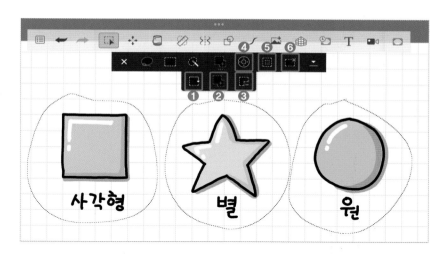

❶ 바꾸기 : 선택된 영역을 새로 지정(선택)하는 영역으로 바꿉니다.

❷ 추가 : 기존의 선택된 영역에 추가로 새로운 영역을 더합니다.

❸ 제거 : 기존에 선택된 영역에서 나중에 선택한 영역을 뺍니다.

❹ 조금 이동 : 선택 영역을 미세하게 이동합니다.

❺ 선택 반전 : 선택된 영역과 나머지 선택되지 않은 영역을 바꿉니다.

❻ 선택 지워짐 : 선택한 영역을 취소합니다.

― 복사한 후 붙여넣기 ―

복사한 후 붙여넣기는 편집에서 자주 사용하는 기능입니다. Ctrl + C , Ctrl + V 단축키로도 많이 사용하며, Sketchbook에서는 다음과 같은 순서로 진행됩니다.

❶ 선택📱을 터치하고 알맞은 도구(올가미◯)를 활용해 ❷ 원하는 영역을 드래그하여 선택합니다. ❸ 레이어를 터치해 ❹ 레이어 메뉴가 나타나면 [복사]를 터치합니다. 선택 영역이 클립보드(메모리)로 복사됩니다. ❺ 다시 한 번 레이어를 터치하고 ❻ [붙여넣기]를 터치하면 같은 자리에 해당 영역이 복사되어 붙여 넣어집니다.

TIP 이때 캔버스 화면에 아무런 변화가 없어 당황할 수도 있습니다. 선택 영역에 같은 오브젝트가 붙여 넣어진 것이므로 캔버스에는 다른 점이 발견되지 않습니다.

❼ 선택 영역을 드래그하여 원하는 위치로 이동합니다. 이때 두 손가락을 이용해 선택 영역(오브젝트)을 확대, 축소, 회전할 수 있습니다.

— 잘라내기 —

❶ 잘라내고 싶은 영역을 드래그하여 선택합니다. ❷ 레이어를 터치하고 ❸ 레이어 메뉴에서 [잘라내기]를 터치합니다. ❹ 영역이 잘라집니다. 잘라내기의 원래 기능은 선택한 영역을 잘라내는 것이지만 필자는 지우개 기능 대신 사용합니다. 넓은 영역을 빠르고 깨끗하게 지우고 싶다면 잘라내기 기능을 활용합니다.

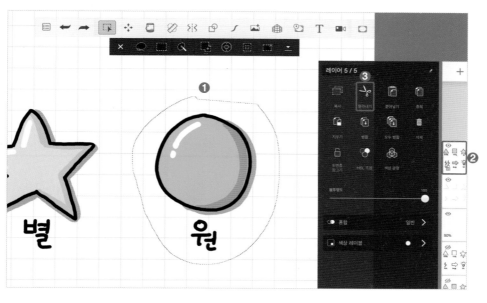

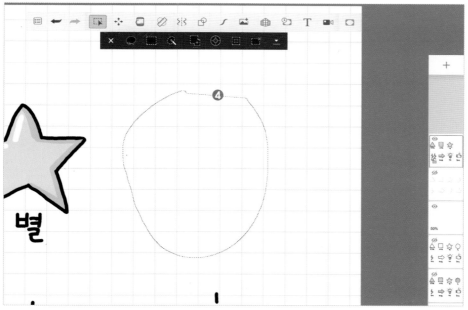

Chapter

4

비주얼 단어
따라잡기

다양한 종류의 시각적 단어를 소개합니다. 가능하면 모든 비주얼 단어를 차근차근 연습해보는 것이 좋습니다. 눈으로 보는 것만으로는 부족합니다. 적어도 한 번씩은 따라 그리는 것이 좋고, 익숙해질 때까지 반복적으로 그려보면 더욱 좋습니다.

Lesson

1

배너

배너 제목 메시지

완성 파일 : Chapter 4\배너.PSD

배너는 제목이나 메시지를 강조하기 위해 사용합니다. 배너 안쪽에 글도 함께 있으면 본능적으로 그 내용을 주의 깊게 읽게 됩니다. 마치 상점의 간판과 비슷합니다. 어떤 이미지를 볼 때 가장 먼저 시선을 끄는 영역이 배너이므로 제목을 표현할 때 유용합니다. 배너는 비교적 간단하게 그릴 수 있는 것에 비해 효과는 상당히 큽니다. 따라서 자신만의 스타일로 몇 가지 배너를 능숙하게 그릴 수 있도록 연습해보는 것이 좋습니다.

🔍 미리 보기

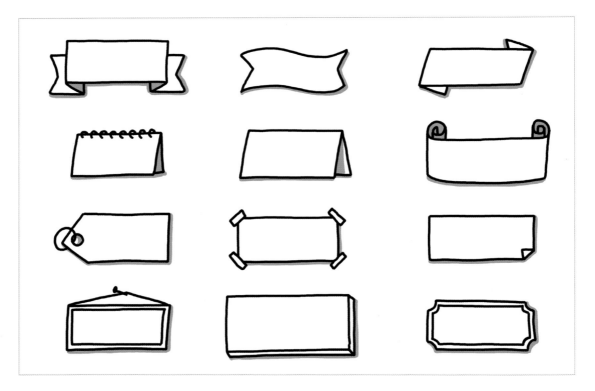

TIP 사용하는 레이어는 세 개입니다. 순서대로 라인, 그림자, 그리드 레이어입니다. 예제로 제공한 완성 파일을 열어 레이어를 확인해볼 수 있습니다.

STEP 1. 배너 그리기

01 펜 선 그리기 배너를 쉽게 그리려면 직사각형을 먼저 그려야 합니다. 맨 위에 있는 레이어에 [펠트펜](표준, 크기 6, 검은색)으로 직사각형을 그립니다.

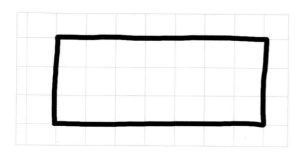

02 ❶ 종이가 뒤쪽으로 접힌 것처럼 표현하고 ❷ 양쪽 옆에 장식 부분을 그립니다.

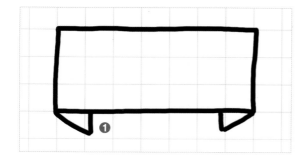 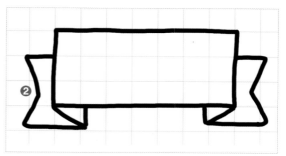

03 <u>그림자 그리기</u> 입체감이 느껴지는 그림자를 추가합니다. [**펠트펜**](**마커펜, 크기 10, 회색**)으로 약간의 그림자를 그려 넣으면 간단하면서도 멋진 배너가 만들어집니다.

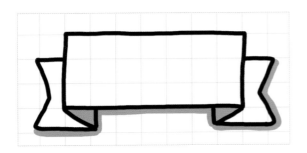

STEP 2. 다양한 배너 표현하기

배너의 모양을 조금씩 바꾸고 장식에 변형을 주면 다음과 같은 다양한 배너를 만들 수 있습니다. 이 가운데 마음에 드는 배너 하나쯤은 쓱쓱 금방 그릴 수 있도록 많이 연습합니다. 가장 좋은 연습 방법은 자주 사용해보는 것입니다.

한쪽 모서리만 살짝 접힌 배너

리본 모양 배너

양쪽 끝이 접힌 배너

입체 패널 형태의 배너

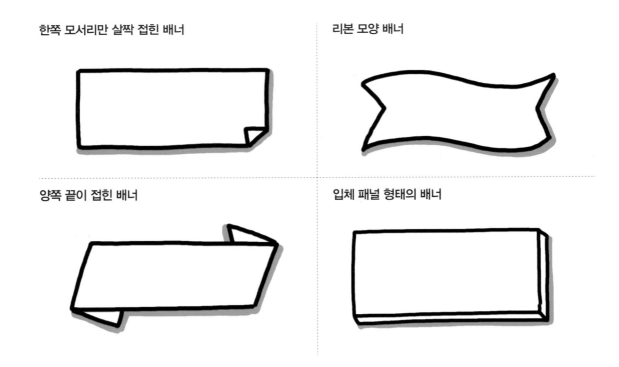

탁상 달력 형태의 배너

스프링이 들어간 탁상 달력 배너

양쪽 끝이 둥글게 말려 있는 배너

가격표 모양의 배너

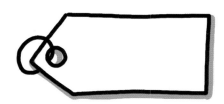

테이프를 잘라 붙인 형태의 배너

벽걸이 배너

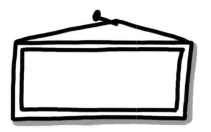

두 겹 테두리의 배너

Lesson
2

말풍선

대화 **말풍선** **강조**

완성 파일 : Chapter 4\말풍선.PSD

말풍선은 우리에게 매우 익숙한 도형입니다. 우리는 말풍선을 보면 습관적으로 그 내용에 시선이 갑니다. 말풍선은 그 모양에 따라 다양한 상황을 묘사하는 데 도움이 됩니다. 이제 20가지 말풍선을 따라 그려봅니다.

🔍 미리 보기

TIP 사용하는 레이어는 세 개입니다. 순서대로 라인, 그림자, 그리드 레이어입니다.

STEP 1. 말풍선 그리기

01 <u>**펜 선 그리기**</u> 맨 위에 있는 레이어에 [**펠트펜**](**표준, 크기 7, 검은색**)으로 말풍선을 그립니다.

TIP 새 파일을 만들고 그리기를 시작하는 과정은 이 책의 086 쪽, 088쪽을 참고합니다.

02 <u>**채색하기**</u> ❶ 채우기 ▣를 터치하고 ❷ 임계값을 120으로 설정합니다. ❸ 흰색으로 말풍선 안쪽을 채웁니다.

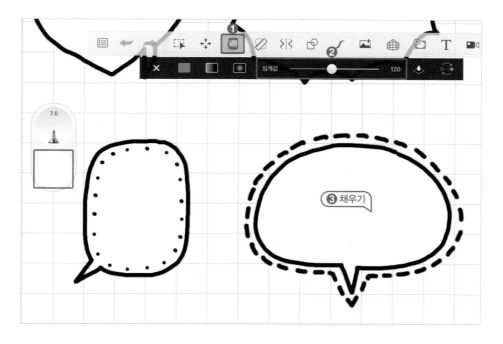

03 그림자 그리기 [펠트펜](마커펜, 크기 11, 회색)으로 그림자를 그립니다.

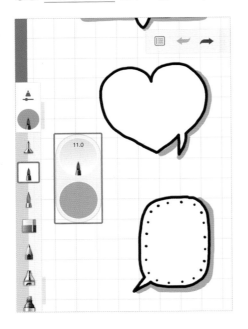

TIP 펜 선을 그린 레이어 아래에 새 레이어를 추가하여 그림자 레이어로 사용합니다.

04 검은색 말풍선 그리기 종이 스케치북에 검은색 말풍선을 그리고 그 안에 흰색으로 글을 써 넣는 일은 잘 하지 않습니다. 하지만 디지털 작업은 채우기 기능을 이용해 매우 간단하게 검은색을 채우고 흰색 글씨를 쓸 수 있습니다. 02처럼 말풍선 안쪽을 검은색으로 채웁니다.

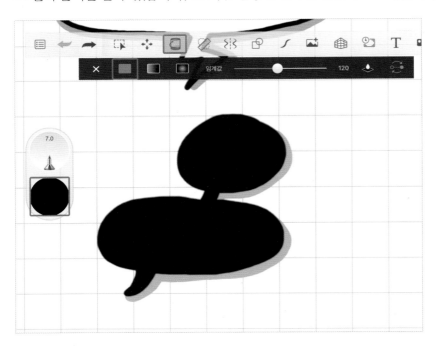

STEP 2. 다양한 말풍선 표현하기

가장 많이 사용하는 사각형 말풍선

바느질 자국을 추가한 재미있는 말풍선

입체감을 표현한 말풍선

몽글몽글한 구름 모양 말풍선

하트 모양 말풍선

놀람, 강조를 표현하는 말풍선 Ⅰ

놀람, 강조를 표현하는 말풍선 Ⅱ

검은색 말풍선(흰색 글자로 강조 효과)

점을 추가해서 독특한 느낌을 준 말풍선

점선을 추가해 강조한 말풍선

아래쪽을 번개 모양으로 그려 강조한 말풍선

생각을 나타내는 말풍선

규칙적인 점을 추가해 강인한 느낌을 준 말풍선

부드러운 느낌의 구름 모양 말풍선

두 개의 문단으로 나누어진 검은색 말풍선

아래쪽을 종이접기 모양으로 표현한 말풍선

화살표

도형 강조 지시

완성 파일 : Chapter 4\화살표.PSD

화살표는 매우 익숙하고 특별한 도형입니다. 화살표를 보는 순간 우리는 본능적으로 화살표가 가리키는 방향으로 시선을 옮깁니다. 화살표를 잘 그리면 전체적인 완성도가 높아지기도 합니다. 이번에는 다양한 화살표를 소개합니다. 하나씩 따라 그리면서 자신만의 화살표를 창작하는 것도 좋습니다. 익숙해지면 정말 유용한 비주얼 단어가 될 것입니다.

🔍 미리 보기

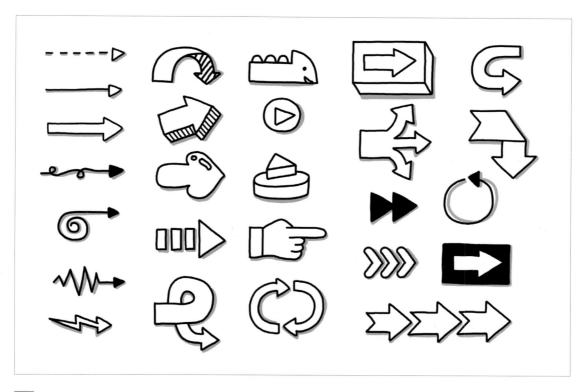

TIP 사용하는 레이어는 세 개입니다. 순서대로 라인, 그림자, 그리드 레이어입니다.

STEP 1. 화살표 그리기

01 펜 선 그리기 맨 위에 있는 레이어에 [펠트펜](표준, 크기 6, 검은색)으로 화살표를 그립니다.

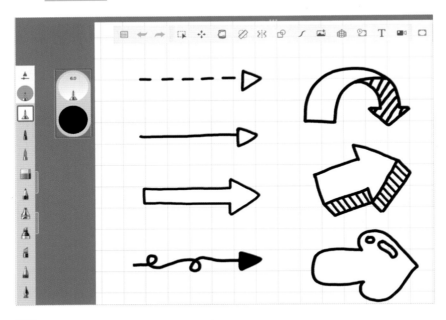

> **TIP** 새 파일을 만들고 그리기를 시작하는 과정은 이 책의 086쪽, 088쪽을 참고합니다.

02 그림자 그리기 [펠트펜](마커펜, 크기 9, 회색)으로 그림자를 그립니다.

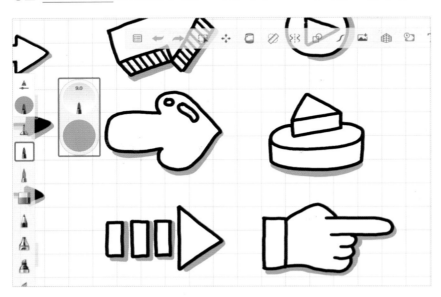

여러분이 직접 만든 다양한 비주얼씽킹 이미지를 활용할 때 배경을 투명하게 하면 작업 과정이 수월해집니다. 맨 아래에 있는 레이어의 눈 모양 아이콘을 끄면 배경을 숨길 수 있습니다. 이 상태에서 [공유]–[PNG]를 선택해 저장하면 투명한 배경의 PNG 이미지가 됩니다. 배경이 투명한 상태에서는 화살표 안쪽까지 전부 투명하게 될 것입니다. 이런 경우에는 화살표 안쪽에 흰색을 채워주는 것이 좋습니다.

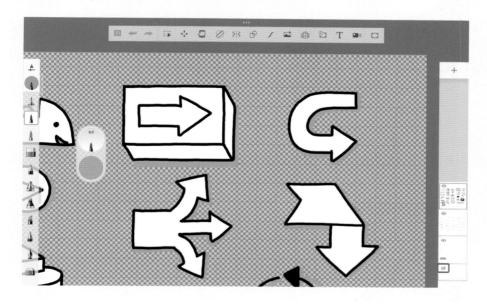

03 **검은색 화살표 그리기** 손으로 그리는 경우와 달리 디지털 작업은 검은색도 부담 없이 사용할 수 있습니다. 임계값을 120으로 설정하고 화살표 안쪽을 검은색으로 채웁니다.

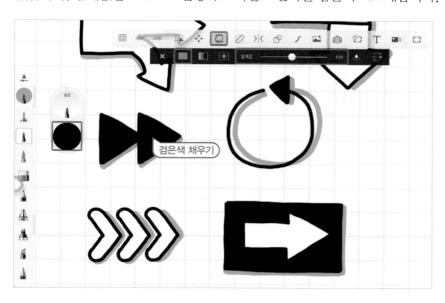

검은색 채우기

대칭을 이루는 화살표를 그려보겠습니다. 양쪽 화살표를 직접 그릴 수도 있지만 마음에 들지 않는 경우가 많습니다. 이때는 대칭 기능을 활용합니다.

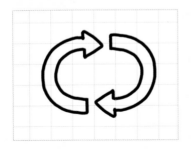

방법 1. 90° 회전 네 번 하기

01 ❶ 오른쪽 화살표를 먼저 그리고 ❷ 올가미◯로 화살표 영역을 드래그하여 선택합니다.

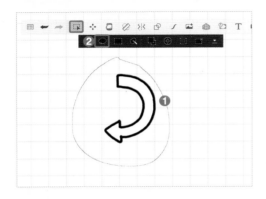

02 ❶ 레이어를 터치해 레이어 메뉴가 나타나면 ❷ [복사]를 선택합니다.

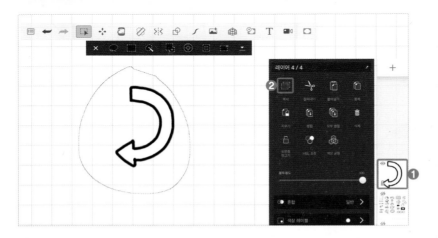

03 다시 한 번 레이어 메뉴에서 [붙여넣기]를 선택합니다.

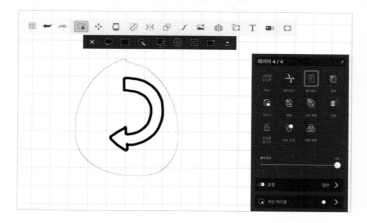

04 붙여 넣어졌지만 두 개의 화살표가 같은 자리에 있어 하나처럼 보입니다. [시계 방향 회전]을 터치합니다.

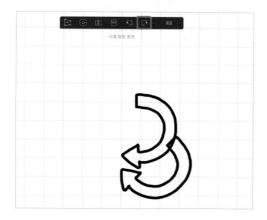

05 시계 방향 회전은 한 번에 45°씩 회전합니다. 네 번을 터치하면 다음과 같이 180° 회전한 모습이 됩니다.

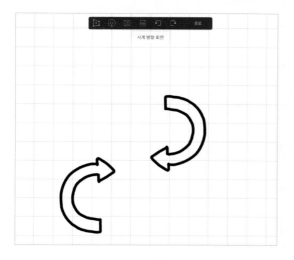

06 복사한 화살표의 위치를 대칭으로 옮기고 [종료]를 터치하여 완성합니다.

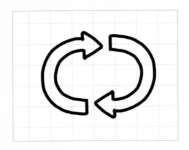

방법 2. 가로 대칭, 세로 대칭 한 번씩 하기

01 화살표를 하나만 그린 후, 레이어 메뉴의 [복사], [붙여넣기]를 하는 것은 **방법 1**과 같습니다. 그러나 **방법 2**는 붙여넣기한 후에 [가로로 대칭 이동]을 터치합니다.

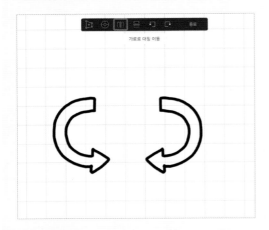

02 그런 다음 [세로로 대칭 이동]을 터치합니다.

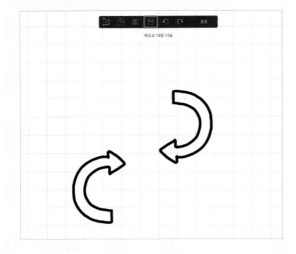

03 복사한 화살표의 위치를 대칭으로 옮기고 [종료]를 터치하여 완성합니다.

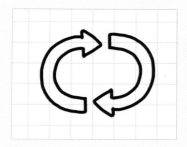

TIP▶ 초보자에게는 [시계 방향 회전], [가로/세로 대칭 이동] 기능이 익숙하지 않아서 직접 그리는 것보다 시간이 더 걸릴 수도 있습니다. 만약 빠르게 그려야 한다면 두 개의 화살표를 그리는 것이 좋고, 정확하게 그려야 한다면 올가미로 화살표 영역 선택 ➡ 복사 ➡ 붙여넣기 ➡ 회전/대칭 이동 단계를 진행합니다.

STEP 2. 다양한 화살표 표현하기

점선과 직선으로 된 일반적인 화살표

꼬불꼬불한 화살표와 회오리 모양의 화살표

직사각형과 삼각형이 합쳐진 화살표

주파수 모양의 화살표

번개 모양의 화살표

앞면, 뒷면이 있는 반원 모양의 화살표와 입체감을 추가한 화살표

하트 모양의 화살표

횡단보도 모양의 화살표

한 바퀴 회전하는 화살표

캐릭터 모양의 화살표

재생 버튼 모양의 화살표

원통 위에 놓인 입체적 화살표

손가락 화살표

교환이나 재활용을 의미하는 화살표

육면체 위에 표현한 화살표

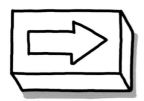

세 방향으로 나뉘어지는 화살표

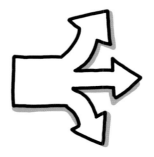

90˚ 각도로 접힌 화살표

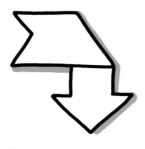

회귀를 의미하는 화살표

검은색 바탕에 흰색 화살표

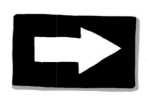

빠르게 재생을 나타내는 화살표

부메랑 모양의 도형 세 개를 이용해 방향을 나타낸 화살표

화살표 세 개를 연속으로 사용해 방향을 강조

U턴을 나타내는 화살표

제목

세상의 모든 책에는 제목이 있고 모든 상점에는 간판이 있듯이 우리가 만드는 비주얼씽킹 작품에도 제목이 필요합니다. 제목은 가능하면 눈에 잘 보이는 굵은 글꼴을 사용하는 것이 좋습니다. 입체감을 표현해도 좋고 어두운 배경에 흰 글자를 사용해 가독성을 높이는 것도 좋습니다.

🔍 미리 보기

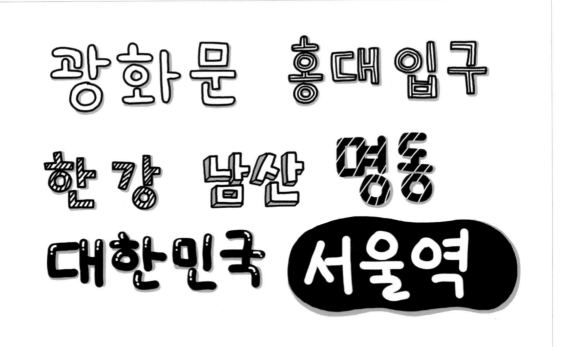

> **TIP** 사용하는 레이어는 세 개입니다. 순서대로 라인, 그림자, 그리드 레이어입니다.

STEP 1. 제목 만들기

01 펜 선 그리기 맨 위에 있는 레이어에 [펠트펜](표준, 크기 6.5, 검은색)으로 제목을 그립니다.

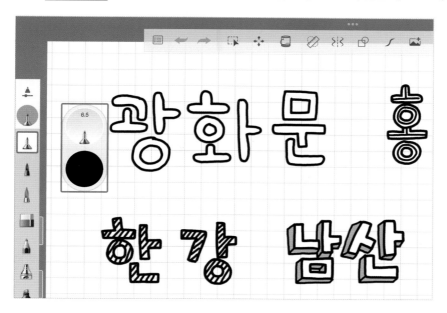

> **TIP** 새 파일을 만들고 그리기를 시작하는 과정은 이 책의 086쪽, 088쪽을 참고합니다.

02 그림자 그리기 [펠트펜](마커펜, 크기 10, 회색)으로 그림자를 그립니다.

STEP 2. 다양하게 제목 표현하기

펠트펜의 크기를 크게 설정하거나 해칭선, 검은 배경 등을 적용해 제목을 다양하게 표현할 수 있습니다.

기본으로 그린 제목

펠트펜의 굵기를 굵게 설정해 그린 제목

자음과 모음 안에 선을 하나씩 그려주어 눈에 띄는 제목

검은색 배경에 흰색 글자로 가독성 높인 제목

자음과 모음 안에 빗금을 여러 번 그려주어 눈에 띄는 제목

근사하게 보이는 입체 제목

검은색 글자에 흰색 빗금을 추가해 재미있게 표현한 제목

'명동'처럼 검은색 글자의 안쪽에만 흰색 선을 그리고 싶다면 어떻게 해야 할까요? 자칫 글자 밖으로 흰색 선이 만들어지는 것을 방지하는 편리한 기능이 있습니다. 바로 레이어 마스킹입니다.

레이어 마스킹은 쉽게 이야기하면 그림이 있는 영역 위에만 그림을 그릴 수 있는 잠금 기능입니다.

어떤 효과가 있는지 명확하게 알기 위해 우선 흰색 배경을 숨겨봅니다. 그런 다음 맨 아래에 있는 배경 레이어의 눈을 터치합니다. '명동' 글자가 있는 레이어에서 왼쪽 아래의 체크 무늬 자물쇠 모양 아이콘을 터치합니다. 이제부터 레이어 마스킹 모드가 시작됩니다.

글자가 있는 '명동' 위에 흰색 선을 자유롭게 그려봅니다. 검은색 '명동' 글자 위에만 선이 그려집니다. 이 기능이 레이어 마스킹입니다.

체크무늬 자물쇠 아이콘을 한 번 더 터치하면 레이어 마스크가 해제됩니다.

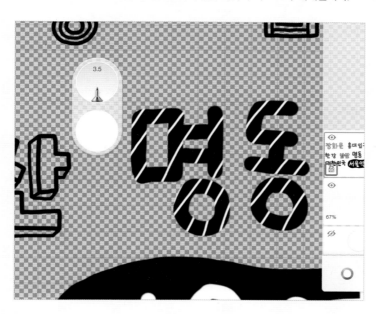

TIP▶ 작업 중에 갑자기 그리기가 안 되는 상황이 생긴다면 자물쇠 모양의 레이어 마스크가 작동하고 있는지 확인합니다.

Lesson

5

감정

감정 얼굴 표현

완성 파일 : Chapter 4\감정표현.PSD

얼굴을 이용해 다양한 감정을 표현해보겠습니다. 자세한 묘사는 필요 없고 눈, 코, 입 정도만 이용해도 충분합니다. 머리카락은 크게 중요하지는 않지만 그림의 완성도를 높이고 싶다면 표현해도 좋습니다.

🔍 미리 보기

TIP 사용하는 레이어는 다섯 개입니다. 순서대로 글자, 머리카락, 라인, 그림자, 그리드 레이어입니다.

STEP 1. 감정 표현하기

01 펜 선 그리기 맨 위에 있는 레이어에 **[펠트펜]**(표준, 크기 5, 검은색)으로 다양한 표정의 얼굴을 그립니다.

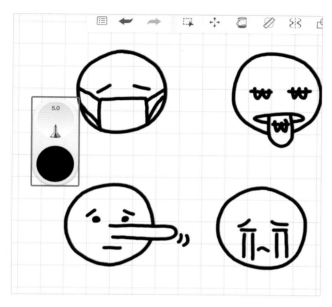

> **TIP** ▶ 새 파일을 만들고 그리기를 시작하는 과정은 이 책의 086쪽, 088쪽을 참고합니다.

02 그림자 그리기 **[펠트펜]**(마커펜, 크기 9, 회색)으로 그림자를 그립니다. 입 안쪽에는 치아 부분을 흰색으로 남겨 주는 것도 좋습니다.

03 머리카락 그리기 머리카락이 꼭 필요한 것은 아니지만 머리카락이 있으면 완성도가 높은 비주얼 단어가 됩니다. [펠트펜](마커펜, 크기 9, 검은색)으로 머리카락을 그립니다.

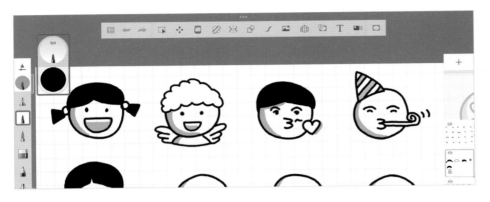

TIP 그림자는 펜 선 레이어 아래에, 머리카락은 펜 선 레이어 위에 그립니다.

04 글자 넣기 [펠트펜](표준, 크기 5, 검은색)으로 표정에 어울리는 이름을 적습니다.

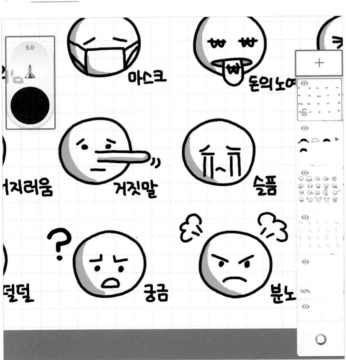

STEP 2. 다양한 감정 표현하기

얼굴로 표현할 수 있는 다양한 감정을 그려봅니다.

방긋 웃는 매력적인 얼굴

날개를 그려 넣어 천사를 표현

하트를 날리는 모습

고깔모자와 나팔 피리를 이용해
즐거운 파티 표현

두 눈을 하트로 표현

뭔가 의심을 하는 모습

마스크를 쓰니 답답한 모습

오직 돈만 생각하는 속물적인
느낌

토사물을 그려 속이 불편한 모습을
표현

지퍼를 이용해 굳게 다문 입을 표현

뱅글 도는 두 눈을 그려 어지러움을 표현

코를 먼저 그려 표현한 피노키오

눈물이 주르륵 흐르는 슬픈 표정

얼음팩과 체온계, 눈 모양으로 아픈 모습 표현

입을 벌리며 조는 모습

추워서 이를 떠는 모습

눈썹의 모양과 물음표를 이용해 표현한 궁금한 표정

V자 모양의 눈썹과 뿜어져 나오는 열기로 표현한 분노한 표정

웃고 있지만 사악한 뿔이 있는 악마

뭉크의 작품 절규를 특징만 간단히 표현

Lesson

6

행동

행동 사람 동작

완성 파일 : Chapter 4\행동표현1.PSD~행동표현3.PSD

비주얼씽킹에서 사람은 빈번하게 등장합니다. 우리에게 익숙한 모습이며 주의하지 않으면 자칫 이상하게 그려지기도 합니다. 몇 가지 요령을 익히면 다양한 행동 표현을 쉽게 그려낼 수 있습니다.

STEP 1에서는 본격적인 행동 표현을 그리기에 앞서 기본적인 사람 형태 먼저 그려보겠습니다.

🔍 미리 보기

TIP 사용하는 레이어는 다섯 개입니다. 순서대로 글자, 라인, 그림자, 5×4격자, 그리드 레이어입니다.

01 사각형 몸 그리기 몸을 일자로 그리면 졸라맨이 됩니다. 사각형으로 그립니다.

02 관절 그리기 팔과 다리의 중간 부분에는 관절이 있습니다.

03 팔 그리기 팔을 그릴 때는 어깨에 붙어 있게 그립니다.

04 그림자 그리기 빛의 방향을 생각하고 반대쪽에 그림자를 그립니다. 뒤통수, 등, 바닥에 그림자가 있으면 좋습니다.

사람 그리는 순서 익히기

사람을 그릴 때는 머리 → 몸 → 팔 → 다리 → 그림자 순서로 그립니다. 익숙해지면 자신만의 스타일로 그려봅니다.

STEP 2. 행동 그리기

01 레이아웃 나누기 각각의 행동 표현을 그리기 위해 레이아웃을 나눕니다. [펠트펜](표준, 크기 10, 파란색)으로 가로세로 5×4칸을 그립니다.

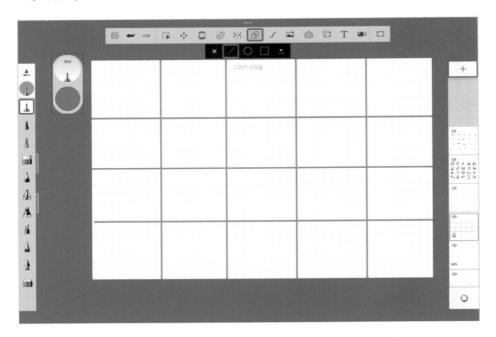

TIP 그리기 스타일을 이용하면 직선을 쉽게 그릴 수 있습니다. 158쪽을 참고합니다.

02 펜 선 그리기 [펠트펜](표준, 크기 5, 검은색)으로 라인을 그립니다.

03 그림자 그리기 [펠트펜](마커펜, 크기 8, 회색)으로 그림자를 그립니다.

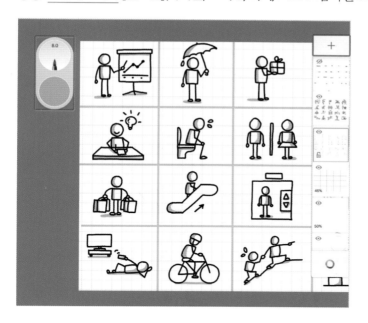

04 글자 넣기 글자는 라인보다 더 얇은 선으로 적습니다. [펠트펜](표준, 크기 4, 검은색)으로 각 행동 표현에 적절한 이름을 적습니다.

TIP ▶ 행동 표현은 세 가지 예제 파일이 제공됩니다. 파일을 열어 다양한 행동 표현을 확인합니다.

이제 다양한 행동 표현을 살펴보겠습니다.

세 가지 방향 중 어디로 갈지 결정을 못하는 모습

겉으로는 웃고 있지만 뒤에서는 다른 생각을 하고 있는 모습

결승선을 통과하며 기뻐하는 모습

열심히 계단을 오르고 있는 모습

공 위에서 다리를 살짝 굽히고 균형을 잡고 있는 모습

돋보기를 이용해 식물을 관찰하고 있는 모습

낚시 의자에 앉아 물고기를 잡는 모습

테이블에 둘러앉아 회의를 하는 모습(말풍선 이용)

골프채, 골프공, 홀, 깃발 등을 함께 표현

공을 차기 직전의 모습

공을 잡기 위해 몸을 날린 모습

리본을 들고 있는 손과 몸, 공중에 떠 있는 그림자가 특징

거품과 물의 흐름을 그려 씻고 있는 모습 표현

쭉 뻗은 팔과 손가락으로 방향을 지시하는 모습

차트를 이용해 발표하는 모습

우산과 우산 끝의 빗방울을 표현

선물 상자를 가슴 높이까지 들어올린 모습

팔의 움직임을 나타내는 곡선과 음표 표현

꽃을 들고 프로포즈하는 모습(남성의 무릎 각도)

책상 위에서 좋은 생각이 번쩍 떠오른 모습

땀방울을 이용해 힘을 주고 있는 것을 표현

남자, 벽, 여자가 있으면 전 세계 어디에서나 화장실을 의미

산 정상에 있는 깃발을 통해 정복을 표현

마트에서 장을 보는 모습(쇼핑 카트의 형태를 간단하게 그림)

양손 가득 쇼핑백을 들고 있는 모습

화살표와 팔의 위치를 이용해 방향을 표현

층을 나타내는 직사각형과 삼각형의 버튼을 표현

침대에서 편안하게 자고 있는 모습

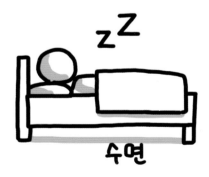

비스듬하게 누워 TV를 보고 있는 모습(손에는 리모컨을 들고 있음)

운전석에 앉은 모습을 정면과 측면으로 표현(운전에 꼭 필요한 부분만 그림)

운전

운전

안전하게 헬멧을 쓰고 자전거를 타는 모습

자전거

다른 사람을 이끌어주는 리더의 모습

리더

트로피와 단상을 통해 우승을 표현

우승

영화 <300>의 유명한 장면

그림자와 다리 사이의 공간을 통해 점프를 표현

멀리 있는 과녁을 작게 그려 원근감 표현

다리와 팔의 모양에 특징을 주어 조정하는 모습 표현

요가 매트와 땀방울을 함께 표현

입, 음표, 마이크, 원형 스테이지 등에 특징을 주어
노래하는 모습 표현

팔, 다리, 몸통의 방향으로 춤추는 동작 표현

팔의 관절을 부드럽게 표현

발레

팔과 다리 관절을 강조해 달리는 모습 표현

달리기

물 속에 있는 몸은 절반만 표현

수영

이젤과 모자, 붓으로 그림 그리는 모습을 표현

그림

프라이팬 위에 있는 계란을 뒤집고 있는 모습

요리

매일 반복되는 일상을 표현

직장인

굽어 있는 몸통과 그림자의 위치가 특징인 좌절하는
모습

좌절금지

좌절금지

팝콘과 음료, 3차원 입체 안경을 함께 그림

영화감상

머리띠를 질끈 동여매고 열심히 책을 읽고 있는 모습

공부

책상 위의 서류, 시계, 창밖의 달을 그려 야근하는 모
습 표현

야근

차를 마시며 대화를 하고 있는 모습

티타임

진공청소기의 움직임과 먼지가 빨려 들어가는 모습을
표현

청소

7

신체

사람 신체 구조

완성 파일 : Chapter 4\신체.PSD

우리 몸을 구성하고 있는 신체의 여러 부분을 표현해보겠습니다. 눈, 코, 입 등은 이미 익숙하게 표현할 수 있을 것입니다. 생물 수업 시간에 배웠던 다른 신체 부분도 간단하게 표현하는 방법을 익혀봅니다.

🔍 미리 보기

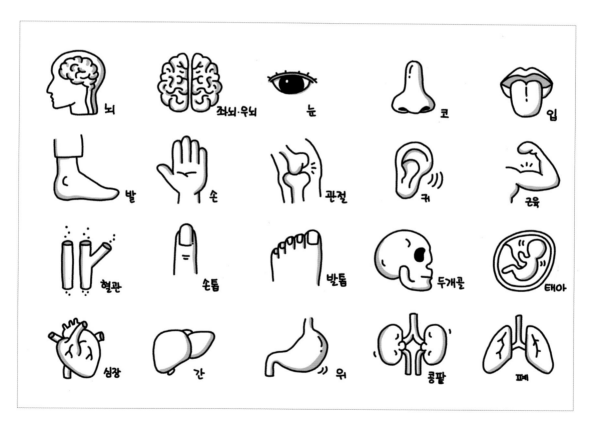

TIP 사용하는 레이어는 다섯 개입니다. 순서대로 글자, 라인, 그림자, 5×4격자, 그리드 레이어입니다.

STEP 1. 신체 그리기

01 레이아웃 나누기 신체의 다양한 부위를 그리기 위해 레이아웃을 나눕니다. **[펠트펜](표준, 크기 10, 파란색)**으로 가로세로 5×4칸을 그립니다.

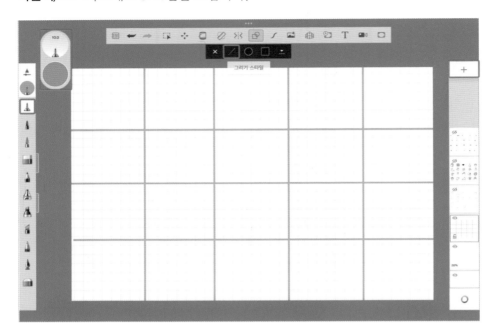

02 펜 선 그리기 각각의 신체 부위를 선으로 간단하게 표현합니다. **[펠트펜](표준, 크기 4, 검은색)**으로 그립니다.

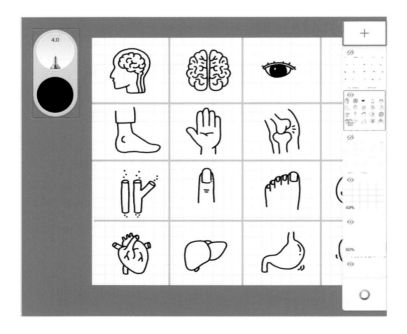

03 그림자 그리기 [펠트펜](마커펜, 크기 9, 회색)으로 그림자를 그립니다. 그림자를 추가하니 입체감이 느껴집니다.

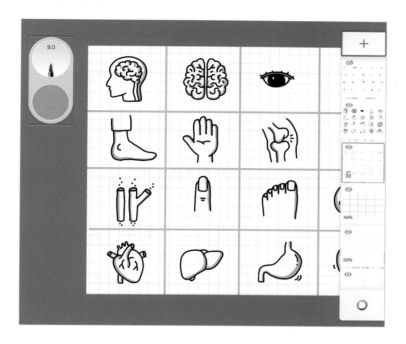

04 글자 넣기 [펠트펜](표준, 크기 4, 검은색)으로 각 신체에 맞는 이름을 적습니다. 또박또박 씁니다.

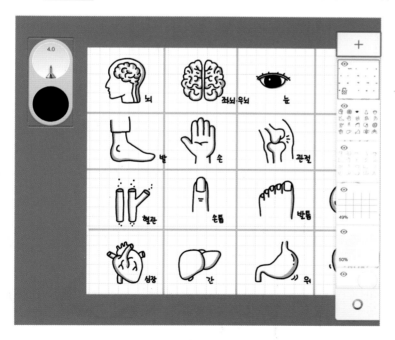

STEP 2. 다양한 신체 부분 표현하기

다양한 신체 부분을 표현해보겠습니다.

하트 모양에 굵은 혈관이 연결된 형태인 심장 표현

측면에서 바라본 뇌의 모습

위에서 내려다본 좌뇌와 우뇌

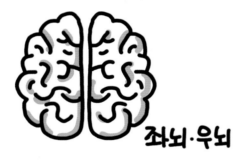

뼈와 뼈가 만나는 관절을 사실적으로 표현

검은 눈동자 위에 반짝 빛나는 부분을 표현

입술과 혀를 함께 그림(입 안쪽은 회색으로 채색)

콧구멍은 검게 칠하고 약간의 그림자를 추가해 입체감 표현

측면에서 바라본 발(복숭아뼈를 함께 그림)

손바닥과 손금을 함께 그림(손가락의 길이를 조금씩 다르게 그려야 함)

실제 귀는 다소 복잡한 형태이지만 간단하게 표현(소리의 형태도 함께 그림)

오동통한 발과 발톱

건강한 모습의 손톱

열심히 운동한 덕분인지 팔 근육이 발달

혈관의 단면을 표현

측면에서 바라본 두개골

엄마 뱃속에 있는 태아의 모습(탯줄 표현)

건강한 간의 모습(네 개의 엽으로 구성)

열심히 소화를 시키고 있는 위를 표현

강낭콩 모양의 콩팥(굵은 혈관이 연결되어 있음)

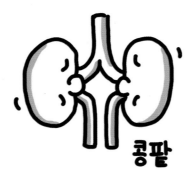

혈액에 산소를 공급해 주는 폐

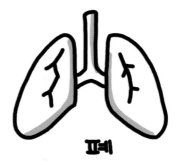

Lesson

손

사람 신체 구조

완성 파일 : Chapter 4\손.PSD

우리 양손에는 무려 54개의 뼈가 있습니다. 우리 몸 전체 뼈 중에 25%가 모여 있어 세밀하고 복잡한 동작을 자유롭게 할 수 있습니다. 이런 이유로 손을 통해 다양한 의미를 전달할 수 있습니다.

🔍 미리 보기

> **TIP** 사용하는 레이어는 다섯 개입니다. 순서대로 글자, 라인, 그림자, 5×4격자, 그리드 레이어입니다.

STEP 1. 손 그리기

01 **레이아웃 나누기** 다양한 손 동작을 그리기 위해 레이아웃을 나눕니다. **[펠트펜]**(표준, 크기 10, **파란색**)으로 가로세로 5×4칸을 그립니다.

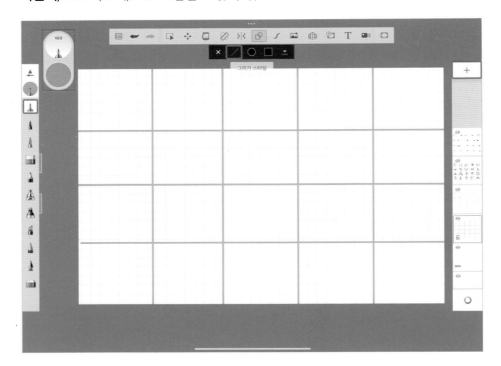

02 **펜 선 그리기** 손으로 표현할 수 있는 의미는 셀 수 없이 다양합니다. **[펠트펜]**(표준, 크기 5, 검은색)으로 간단하게 그립니다.

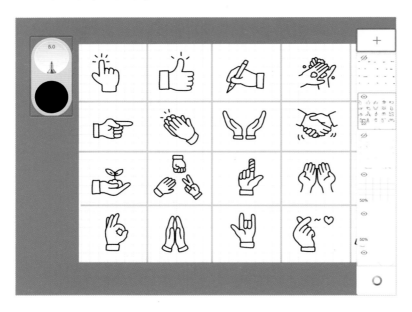

03 **그림자 그리기** [펠트펜](마커펜, 크기 9, 회색)으로 그림자를 그립니다. 그림자를 추가하니 입체감이 느껴집니다.

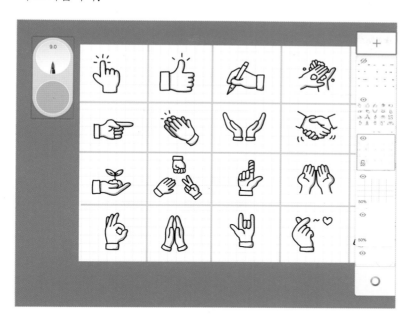

04 **글자 넣기** [펠트펜](표준, 크기 4, 검은색)으로 손 동작에 어울리는 이름을 또박또박 씁니다.

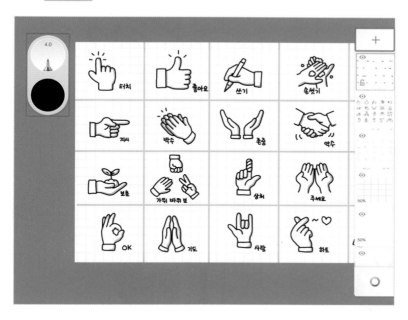

STEP 2. 다양한 손 모양 표현하기

손을 이용해 여러 가지 의미를 표현해보겠습니다.

손가락 끝으로 터치하는 모습

엄지손가락을 올리면 '좋아요'

펜을 이용해 기록하는 모습

거품이 잘 나는 비누를 이용해 손을 씻고 있는 모습

시간 약속을 강조하기 위해 손목시계를 그림

손가락을 이용해 방향을 가리키면 지시를 의미

네 명이 같은 의견을 갖고 있는 모습

양손으로 존중의 의미 표현

한 손에 스마트폰을 들고 사용하는 모습

매우 자주 사용하는 악수(잘 그리기 위해 충분한 연습이 필요)

손가락에 붕대를 그리면 상처의 의미

보호하는 대상을 표현한 모습(손 위에 다른 사물을 표현해서 다양한 응용이 가능)

우리에게 매우 익숙한 '가위 바위 보'

네 개의 손을 이용해 서로 협력하는 모습 표현

협력

양손을 이용해 무언가를 요구하고 있는 모습

주세요

OK

OK

두 손을 모아서 기도하는 모습

기도

사랑을 의미하는 수어

사랑

엄지와 검지를 이용한 작은 하트

하트

양손을 이용해 좀 더 큰 하트를 표현

하트

Lesson

주의/경고

주의　경고　표지판

완성 파일 : Chapter 4\주의경고.PSD

주의 및 경고 표지는 일상생활에서 자주 만나는 비주얼 단어입니다. 눈에 잘 띄고, 빠르게 이해할 수 있도록 군더더기 없는 형태로 그리는 것이 좋습니다. 20개의 비주얼 단어를 따라 그리다 보면 간단하지만 효과적인 표현 방법을 배울 수 있습니다. 그중 마음에 드는 몇 가지 표지는 익숙해지도록 연습하는 것이 좋습니다.

🔍 미리 보기

TIP ▶ 사용하는 레이어는 여섯 개입니다. 순서대로 강조색, 글자, 라인, 그림자, 5×4격자, 그리드 레이어입니다.

01 **레이아웃 나누기** 20개의 주의/경고를 그리기 위해 레이아웃을 나눕니다. **[펠트펜]**(표준, 크기 10, 파란색)으로 가로세로 5×4칸을 그립니다.

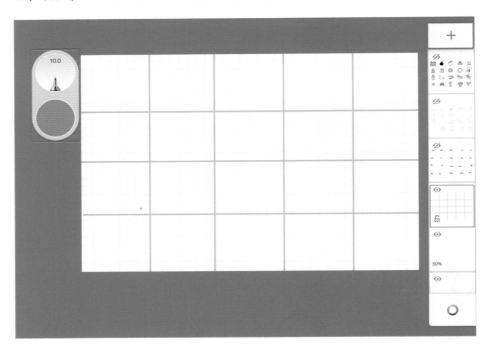

🎓 **비주얼씽킹 전문가 NOTE** **그리기 스타일로 직선 그리기**

도구 바에서 사각형과 원이 겹쳐진 모양의 도구가 그리기 스타일입니다. 직선, 원, 사각형 등을 쉽게 그릴 수 있습니다. [그리기 스타일]-[선]을 이용해 직선을 그리면 반듯한 격자를 그릴 수 있습니다.

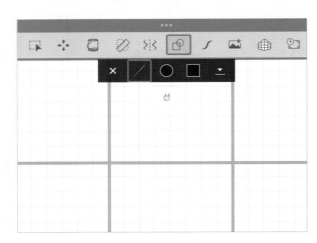

02 <u>펜 선 그리기</u> [펠트펜](표준, 크기 6, 검은색)으로 다양한 경고 표지를 그립니다. 천천히 그립니다.

03 <u>그림자 그리기</u> [펠트펜](마커펜, 크기 9, 회색)으로 그림자를 그립니다. 그림자를 추가하니 입체 감이 느껴집니다.

04 강조색 적용하기 [펠트펜](마커펜, 크기 9, 빨간색)으로 강조할 부분을 그립니다. 레이어는 맨 위에 배치합니다.

05 글자 넣기 [펠트펜](표준, 크기 5, 검은색)으로 각각의 경고 표지가 나타내는 의미를 적습니다. 또박또박 씁니다.

다양한 주의/경고 표지를 살펴보겠습니다.

공사 현장에서 볼 수 있는 표지(위쪽에 반짝이는 경광
등이 매력적)

느낌표와 삼각 표지판을 이용해 주의를 표현

만화에서 많이 보던 폭발물(불이 붙어 있는 심지가 마음을 조급하게 만듦)

순찰차 지붕에서 보던 경광등

공사 현장에서 쉽게 볼 수 있는 안전 고깔

오른쪽 아래 방향으로 향하는 화살표는 하락을 의미

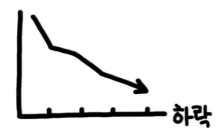

도로교통표지판 모양의 멈춤 표지

간단하게 세울 수 있는 A 프레임 표지판

매우 익숙한 출입금지 표지

멈춤 표지를 손으로 들고 있는 모습

발이 장애물에 걸려 넘어지는 사람의 모습

미끄러운 바닥을 표현

계단에서 넘어지는 사람

두 손으로 상자를 조심스럽게 다루고 있는 모습

손을 드는 것만으로도 멈춤을 표현

해골을 그리면 직관적으로 위험한 물질이라고 인식

아직 마르지 않은 페인트를 표현

불을 먼저 그리고 붉은색 금지 표지를 그림

깨지기 쉬운 유리컵으로 취급 주의를 표현

날씨

완성 파일 : Chapter 4\날씨.PSD

우리의 일상생활과 뗄 수 없는 것이 바로 하루의 날씨입니다. 뉴스에서도 자주 접하는 다양한 날씨 정보를 비주얼 단어로 표현해보겠습니다.

🔍 미리 보기

TIP 사용하는 레이어는 다섯 개입니다. 순서대로 글자, 라인, 그림자, 5×4격자, 그리드 레이어입니다.

01 레이아웃 나누기 다양한 날씨를 표현하기 위해 레이아웃을 나눕니다. **[펠트펜]**(표준, 크기 9, 파란색)으로 가로세로 5×4칸을 그립니다.

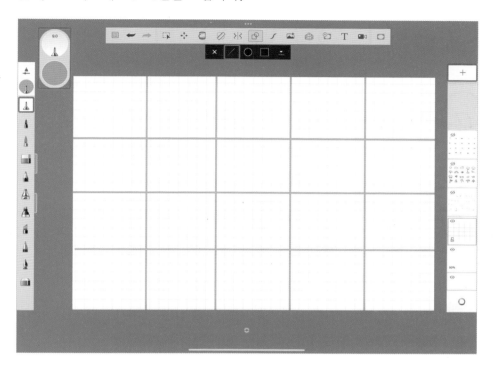

02 펜 선 그리기 **[펠트펜]**(표준, 크기 6, 검은색)으로 날씨를 나타내는 비주얼 단어를 간단하게 그립니다.

03 **그림자 그리기** [펠트펜](마커펜, 크기 9, 회색)으로 그림자를 그립니다. 그림자를 추가하니 입체감이 느껴집니다.

04 **글자 넣기** [펠트펜](표준, 크기 4, 검은색)으로 날씨를 입력합니다. 또박또박 씁니다.

STEP 2. 여러 가지 날씨 표현하기

여러 가지 날씨 상태를 표현해보겠습니다.

구름 위쪽으로 해의 일부분 표현

해가 쨍쨍한 맑은 날씨

구름만 보이는 흐린 날씨

구름 아래로 눈 기호(*)를 추가

구름 아래에 비를 물방울로 표현

구름 속에서 번개가 번쩍

구름과 구름 사이에 보이는 무지개

바다의 수평선에서 떠오르는 태양(화살표가 위로 향함)

달이 태양의 전부 혹은 일부를 가리는 일식

기온이 급강하하는 것을 온도계 와 화살표로 표현

호흡기가 답답해지는 먼지를 표현

산등성이로 사라지는 태양(화살표가 아래로 향함)

사각형에 귀에 거는 끈과 박음질 선을 추가해 마스크를 써야 하는 날씨 표현

비와 바람을 함께 표현

비바람

화살표를 이용해 바람의 방향을 표현

풍향계

강력한 바람과 함께 위쪽에
주의를 나타내는 느낌표를 추가

회오리

목도리를 두르고 있는 눈사람

눈사람

우산 끝에 빗방울이 떨어지는
비오는 날

우산

바람의 속도를 측정하는 풍속계

풍속계

구름 속에서 떨어지는 작은 얼음인 우박

우박

Lesson

11

가구

가구 구조 일상생활

완성 파일 : Chapter 4\가구.PSD

우리의 일상에 늘 함께 있는 여러 가지 모양의 가구를 표현해보겠습니다. 편안한 하루를 보낼 수 있도록 도와주는 고마운 물건입니다.

🔍 미리 보기

TIP▶ 사용하는 레이어는 다섯 개입니다. 순서대로 글자, 라인, 그림자, 5×4격자, 그리드 레이어입니다.

STEP 1. 가구 그리기

01 **레이아웃 나누기** 다양한 가구를 그리기 위해 레이아웃을 나눕니다. **[펠트펜]**(표준, 크기 9, 파란색)으로 가로세로 5×4칸을 그립니다.

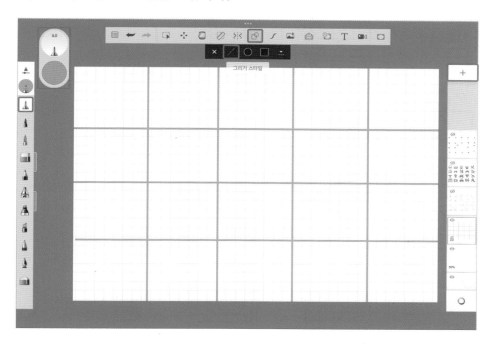

02 **펜 선 그리기** [펠트펜](표준, 크기 5, 검은색)으로 각각의 가구를 간단하게 그립니다.

03 <u>**그림자 그리기**</u> [펠트펜](마커펜, 크기 9, 회색)으로 그림자를 그립니다. 그림자를 추가하니 입체감이 느껴집니다.

04 <u>**글자 넣기**</u> [펠트펜](표준, 크기 4, 검은색)으로 가구 이름을 적습니다. 또박또박 씁니다.

STEP 2. 다양한 가구 표현하기

다양한 가구를 표현해보겠습니다.

편안해 보이는 1인용 소파

두 명이 함께 앉을 수 있는 안락한 2인용 소파

팔걸이와 바퀴를 그려 사무용 의자 표현

영화 촬영 현장에서 감독님이 앉는 의자

두 다리를 쭉 펴고 휴식을 취할 수 있는 의자

노트북 컴퓨터를 이용해 열심히 일을 하고 있는 모습

컴퓨터용 책상(머그잔과 책을 함께 표현)

바닷가에서 볼 수 있는 비치 파라솔

여러 가지 용도로 사용할 수 있는 사각 테이블

높이를 위아래로 조절할 수 있는 책상

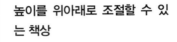

카페에서 자주 보는 원형 테이블

잠시 쉬어 갈 수 있는 공원의 벤치

헬스장의 벤치 프레스

푹신함이 느껴지는 더블베드

모빌과 안전가드를 그리면 아기 침대 완성

항공기의 좌석(작은 창문과 접이식 테이블 표현)

바퀴와 발 받침이 있는 휠체어

화장대와 의자(거울을 함께 표현)

침대 한 개를 먼저 그리고 복사/붙여넣기를 한 후에 사다리를 그림

병원에서 사용하는 침대(이동할 수 있는 바퀴 표현)

Lesson

12

욕실

일상생활 욕실 사물

완성 파일 : Chapter 4\욕실.PSD

하루를 상쾌하게 시작하도록 만들어주는 곳은 욕실입니다. 이곳에서는 다양한 사물을 만날 수 있습니다. 욕실에 있는 여러 가지 사물을 그려보겠습니다.

🔍 미리 보기

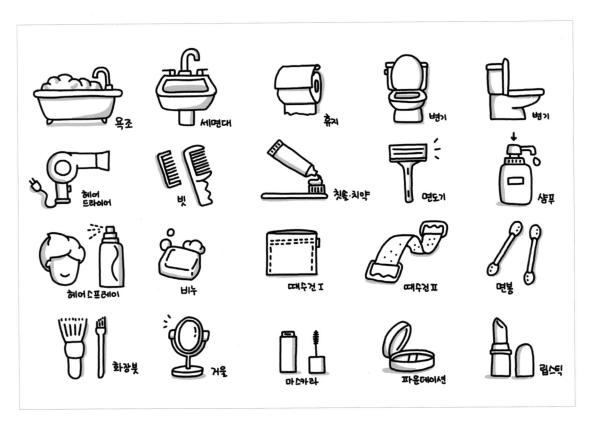

TIP 사용하는 레이어는 다섯 개입니다. 순서대로 글자, 라인, 그림자, 5×4격자, 그리드 레이어입니다.

STEP 1. 욕실 사물 그리기

01 레이아웃 나누기 욕실에 있는 다양한 사물을 그리기 위해 레이아웃을 나눕니다. **[펠트펜]**(표준, 크기 9, 파란색)으로 가로세로 5×4칸을 그립니다.

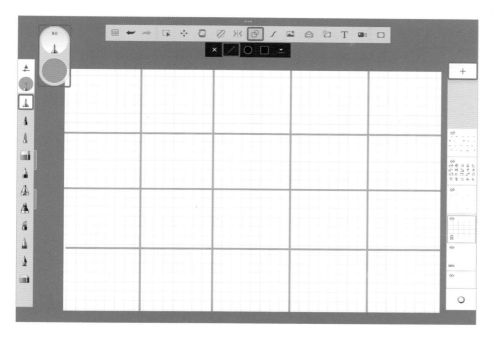

02 펜 선 그리기 **[펠트펜]**(표준, 크기 5, 검은색)으로 욕실에 있는 사물을 간단하게 그립니다.

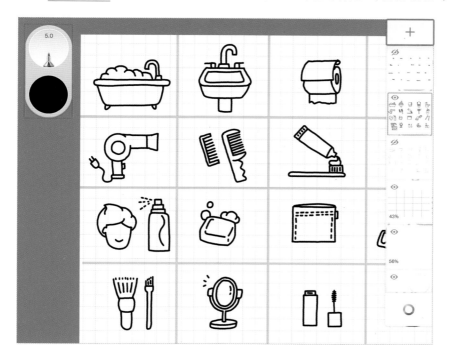

03 __그림자 그리기__ [펠트펜](마커펜, 크기 9, 회색)으로 그림자를 그립니다. 그림자를 추가하니 입체감
이 느껴집니다.

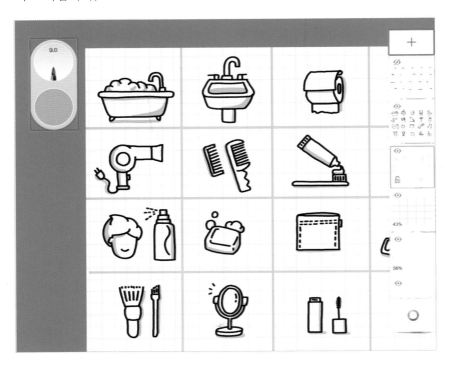

04 __글자 넣기__ [펠트펜](표준, 크기 4, 검은색)으로 욕실 사물의 이름을 적습니다. 또박또박 씁니다.

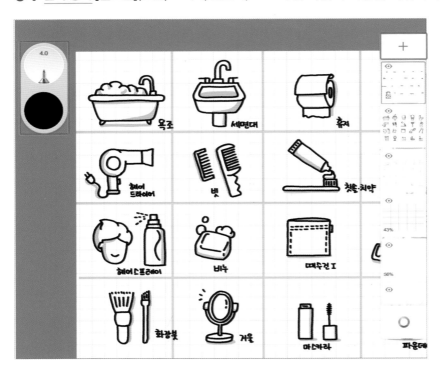

STEP 2. 다양한 욕실 사물 표현하기

욕실에서 만나는 다양한 사물을 표현해보겠습니다.

풍성한 거품이 가득한 욕조

손과 얼굴을 씻을 수 있는 세면대(두 개의 조절 밸브 표현)

돌돌 말려 있는 화장실용 휴지

정면에서 바라본 변기

변기의 측면

머리를 말리는 헤어 드라이어(플러그를 함께 표현)

간단하게 그린 빗

칫솔과 치약

면도날을 새로 교체해서 반짝반짝
빛나는 면도기

위쪽의 꼭지를 꾹꾹 누르면
나오는 샴푸통

면봉(솜뭉치 부분에 점을 그림)

헤어스타일을 고정하는 스프레이

거품이 잘 나는 비누(안쪽의 선을 끊어지게 그리면
부드러운 느낌이 남)

화장할 때 사용하는 붓

화장붓

화장용 거울(반짝 빛나는 부분을 표현)

거울

한국인에게 익숙한 때수건
(박음질 선 표현)

때수건 I

뚜껑에 솔이 부착되어 있는
마스카라

마스카라

내부에 거울이 달린 파운데이션

파운데이션

혼자서 등을 밀 수 있는 긴 때수건(손잡이 표현)

때수건 II

뚜껑을 연 립스틱(립스틱의 끝부분을 부드럽게 표현)

립스틱

13

주방

일상생활   주방   사물

완성 파일 : Chapter 4\주방.PSD

음식을 만드는 장소인 주방에서는 다양한 도구를 만날 수 있습니다. 주방에서 볼 수 있는 사물을 그려보겠습니다.

🔍 미리 보기

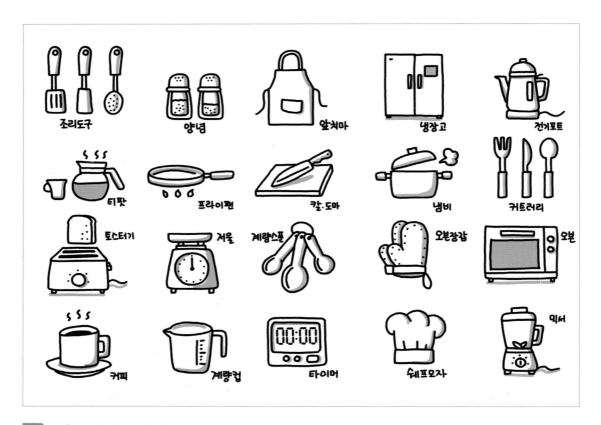

TIP 사용하는 레이어는 다섯 개입니다. 순서대로 글자, 라인, 그림자, 5×4격자, 그리드 레이어입니다.

STEP 1. 주방 사물 그리기

01 <u>레이아웃 나누기</u> 주방에 있는 여러 사물을 그리기 위해 레이아웃을 나눕니다. **[펠트펜]**(**표준, 크기 9, 파란색**)으로 가로세로 5×4칸을 그립니다.

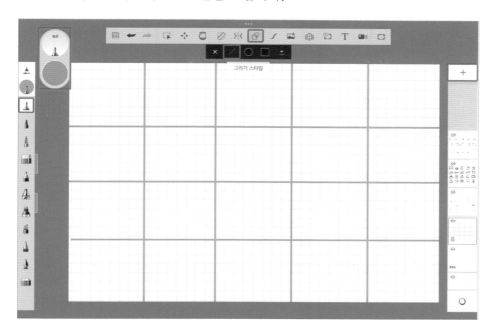

02 <u>펜 선 그리기</u> **[펠트펜]**(**표준, 크기 5, 검은색**)으로 주방에서 볼 수 있는 다양한 사물을 간단하게 그립니다.

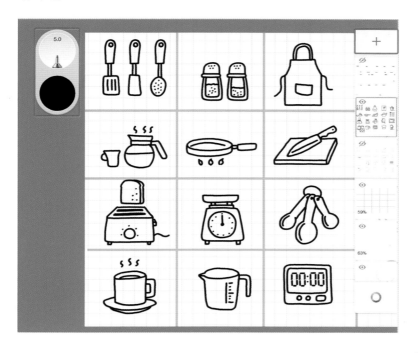

03 그림자 그리기 [펠트펜](마커펜, 크기 9, 회색)으로 그림자를 그립니다. 그림자를 추가하니 입체감이 느껴집니다.

04 글자 넣기 [펠트펜](표준, 크기 4, 검은색)으로 주방 사물에 맞는 이름을 적습니다. 또박또박 씁니다.

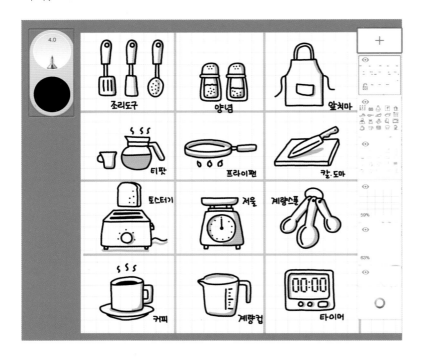

STEP 2. 다양한 주방 사물 표현하기

주방에서 볼 수 있는 다양한 사물을 간단하게 표현해보겠습니다.

실리콘 조리 도구 3종 세트

소금과 후추

주머니가 달린 앞치마

작은 문이 달린 양문형 냉장고

물을 끓일 수 있는 전기 포트

따뜻한 차를 마실 수 있는 티팟

프라이팬 아래쪽에 함께 표현한 불꽃

칼과 도마

정확한 조리 시간을 설정할 수 있
는 디지털 타이머

포크, 나이프, 스푼

식재료의 무게를 달 수 있는
주방용 저울

식빵을 굽는 토스터

크기가 다른 세 가지 계량용 스푼

음식이 보글보글 끓고 있는 냄비

냄비

뜨거운 그릇을 잡을 수 있는 오븐용 장갑

오븐장갑

눈금과 손잡이가 달린 계량컵

계량컵

주방장의 모자

쉐프모자

김이 모락모락 나는 따뜻한 커피

커피

가정용 소형 오븐

오븐

날카로운 칼날과 타이머가 있는 믹서

믹서

음식

일상생활 음식 표현

완성 파일 : Chapter 4\음식.PSD

우리의 일상생활에서 뗄 수 없는 즐거움, 바로 다양한 음식입니다. 각각의 음식이 가진 고유한 특징을 파악해서 복잡하지 않게 표현합니다. 상상만으로 그리는 것이 아닌 적당한 이미지를 검색해서 참고하는 것도 좋은 방법입니다.

🔍 미리 보기

TIP ▷ 사용하는 레이어는 다섯 개입니다. 순서대로 글자, 라인, 그림자, 5×4격자, 그리드 레이어입니다.

STEP 1. 음식 그리기

01 레이아웃 나누기 다양한 음식을 그리기 위해 레이아웃을 나눕니다. **[펠트펜]**(표준, 크기 9, 파란색)으로 가로세로 5×4칸을 그립니다.

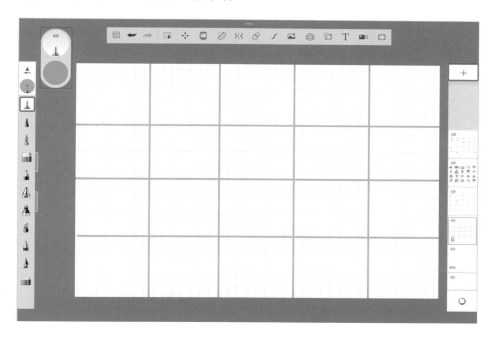

02 펜 선 그리기 [펠트펜](표준, 크기 5, 검은색)으로 다양한 음식을 간단하게 그립니다.

03 <u>그림자 그리기</u> [펠트펜](마커펜, 크기 9, 회색)으로 그림자를 그립니다. 그림자를 추가하니 입체감이 느껴집니다.

04 <u>글자 넣기</u> [펠트펜](표준, 크기 4, 검은색)으로 각 음식의 이름을 적습니다. 또박또박 씁니다.

STEP 2. 다양한 음식 표현하기

우리가 좋아하는 다양한 음식, 음료, 간식을 그려보겠습니다.

빵 사이에 고기 패티, 채소, 치즈를 그리고 맨 위에는
참깨를 그림

노릇노릇 구워진 스테이크와 따뜻한 느낌을
표현한 채소

부드럽고 통통한 통닭

매끈한 선보다 약간 울퉁불퉁하게 표현한 닭다리

갓 만들어진 도넛에 달콤한 설탕 시럽이 뿌려져 있음

달콤한 컵케이크

생일 케이크 위에 초를 한 개 그림

케이크

바삭한 과자 위의 소프트 아이스크림

아이스크림

매콤달콤한 맛의 떡볶이
(고추장 양념 한 방울 표현)

떡볶이

달콤한 사탕

사탕

언제 먹어도 맛있는 피자

피자

김이 모락모락 나는 맛있는 라면(삶은 달걀도 그림)

라면

새콤한 체리를 한 개 올린 조각 케이크

조각케이크

따뜻한 빵 사이에 식감 좋은 소시지

핫도그

8자 모양의 프랫즐

프랫즐

오각형 모양의 종이갑이 특징인 우유

우유

은은한 향이 매력적인 녹차 티백

녹차

신선한 커피가 담긴 머그컵

커피

캔과 패트병에 들어 있는 시원한 탄산음료

탄산음료

열대 과일의 신선함을 표현

코코넛쥬스

Lesson
15

취미

취미 생활 기구 표현

완성 파일 : Chapter 4\취미1.PSD~취미2.PSD

취미 생활은 우리의 삶을 풍요롭게 만들어줍니다. 취미 활동에 사용하는 물건이나 사람의 행동을 통해 취미와 관련된 다양한 표현이 가능합니다. 가장 중요한 핵심을 파악해서 간단하게 표현하는 것이 좋습니다. 친구, 가족들과 함께 자신의 취미를 그려보는 것도 좋습니다.

🔍 미리 보기

TIP ▶ 사용하는 레이어는 다섯 개입니다. 순서대로 글자, 라인, 그림자, 5×4격자, 그리드 레이어입니다.

STEP 1. 취미 그리기

01 레이아웃 나누기 다양한 취미 활동과 그와 관련된 사물을 그리기 위해 레이아웃을 나눕니다.
[펠트펜](표준, 크기 9, 파란색)으로 가로세로 5×4칸을 그립니다.

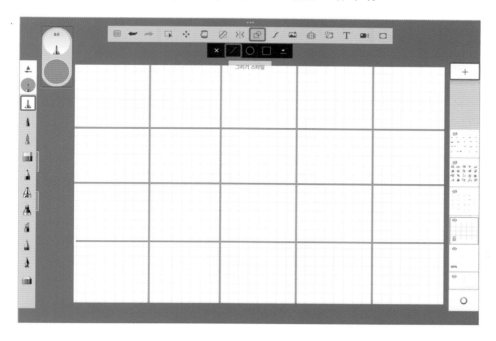

02 펜 선 그리기 [펠트펜](표준, 크기 5, 검은색)으로 취미의 다양한 모습을 간단하게 그립니다.

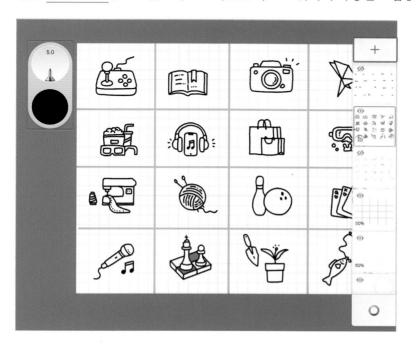

03 <u>그림자 그리기</u> [펠트펜](마커펜, 크기 9, 회색)으로 그림자를 그립니다. 그림자를 추가하니 입체감이 느껴집니다.

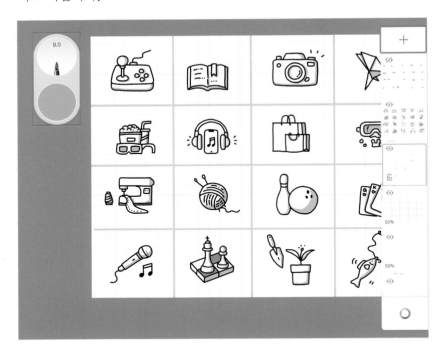

04 <u>글자 넣기</u> [펠트펜](표준, 크기 4, 검은색)으로 각 취미에 맞는 이름을 적습니다. 또박또박 씁니다.

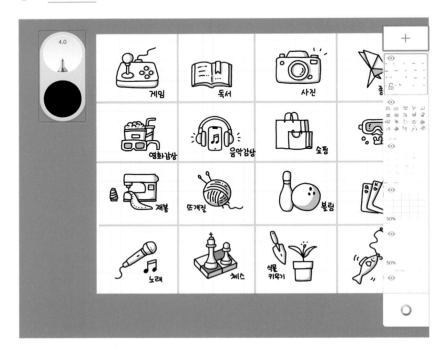

STEP 2. 다양한 취미 활동 표현하기

취미 활동의 다양한 모습을 표현해보겠습니다.

비디오 게임에 사용하는 조이스틱

게임

펼쳐진 책과 책갈피

독서

셔터를 강조해서 그린 카메라

사진

종이학을 그려서 종이접기를 표현

종이접기

통통 튀는 탁구공과 라켓

탁구

3D 영화를 위한 안경, 팝콘, 음료수

영화감상

스마트폰과 헤드폰으로 음악을 듣고 있는 모습

음악감상

종이가방을 그리면 쇼핑을 의미

쇼핑

공기방울이 방울방울 올라오는 모습

스노클링

캔버스, 붓, 이젤

그림

재봉틀, 실, 옷감

재봉

둥글게 말려 있는 실과 바늘

뜨개질

볼링 핀과 세 개의 손가락 구멍이 있는 볼링공

에이스, 킹, 퀸으로 표현한 트럼프 카드

중앙에 명중한 다트

마이크와 음표를 이용해 노래 부르기를 표현

체스에 사용하는 말과 체스판의 일부를 입체적으로
표현(채우기 기능으로 회색을 칠함)

작은 꽃삽으로 화분에 식물을 심은 모습

낚싯줄에 걸린 물고기가 움직이는 모습

장난감 레고 브릭

농구공과 그물

오각형과 육각형 무늬가 함께 어우러진 축구공과 축구화

텐트를 치고 장작에 불을 붙인 모습

네 개의 줄을 가진 대중적인 악기(선 네 개를 모두
그리면 복잡하게 보이니 줄감개만 표현)

스키 플레이트와 폴

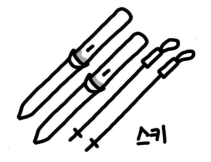

티샷에 사용하는 드라이버와 골프공

야구공과 글러브
(손가락 사이의 X 모양 박음질)

열심히 땀을 흘리며 러닝머신 위를 달리고 있는 모습

정상에 오르는 모습

멋지게 파도를 타고 있는 모습. 양팔을 벌리고 무릎을
굽혀 균형을 잘 잡고 있음

테니스 라켓과 공

물 속에 잠겨 있으니 몸은 절반만 그림(팔다리의 움직임과 물방울도 함께 표현)

톱으로 나무를 자르고 있는 모습(톱밥 표현)

활시위를 끝까지 당긴 모습

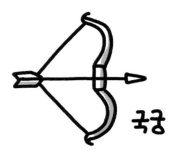

헬멧을 쓰고 바이크를 타고 있는 모습

힘들지만 정말 멋진 스포츠인 암벽 등반

와인 병과 와인 잔

서울에서 뉴욕으로 가는 항공권을 이용해 여행 표현

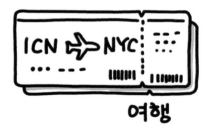

필라테스에 사용하는 기구

원형 스테이지 위에서 신나게 춤추고 있는 모습

가전제품

일상생활　가전제품　사물

완성 파일 : Chapter 4\가전제품.PSD

청소, 빨래, 설거지, 다림질 등 번거로운 집안 살림의 해결사인 가전제품을 그려봅니다. 여러분이 즐겨 사용하는 가전제품을 그려보는 것도 좋습니다.

🔍 미리 보기

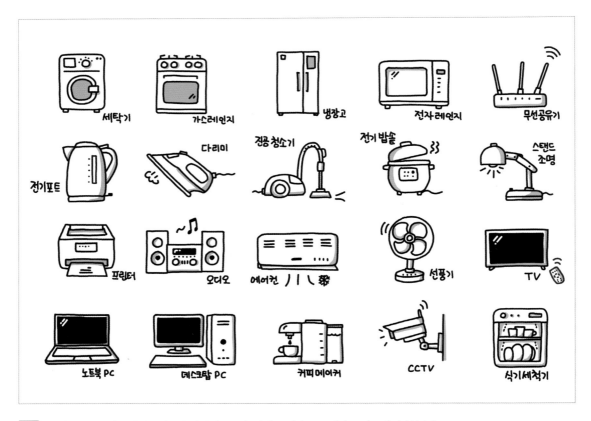

TIP ▶ 사용하는 레이어는 다섯 개입니다. 순서대로 글자, 라인, 그림자, 5×4격자, 그리드 레이어입니다.

STEP 1. 가전제품 그리기

01 레이아웃 나누기 여러 가지 가전제품을 그리기 위해 레이아웃을 나눕니다. **[펠트펜]**(표준, 크기 9, 파란색)으로 가로세로 5×4칸을 그립니다.

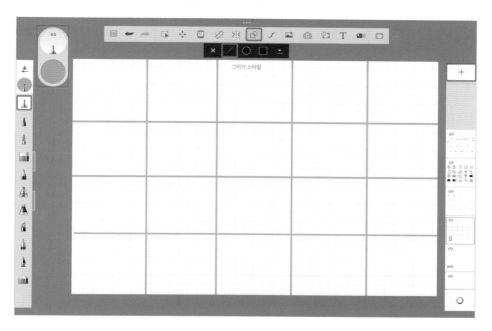

02 펜 선 그리기 **[펠트펜]**(표준, 크기 5, 검은색)으로 다양한 가전제품을 간단하게 그립니다.

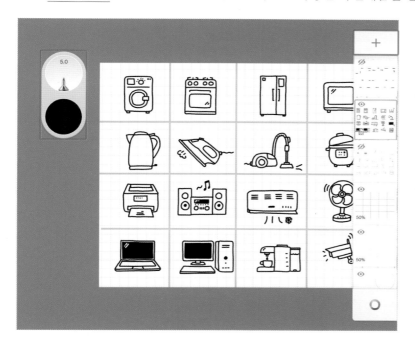

03 **그림자 그리기** [펠트펜](마커펜, 크기 9, 회색)으로 그림자를 그립니다. 그림자를 추가하니 입체감이 느껴집니다.

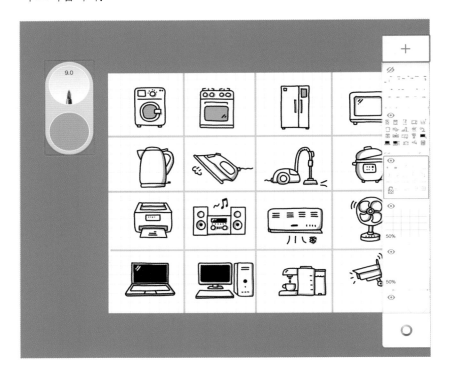

04 **글자 넣기** [펠트펜](표준, 크기 4, 검은색)으로 각 가전제품의 명칭을 적습니다. 또박또박 씁니다.

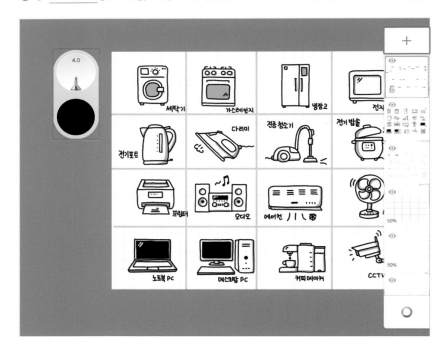

STEP 2. 다양한 가전제품 표현하기

다양한 가전제품을 표현해보겠습니다.

드럼 세탁기(중앙의 원형 부분은 채우기 기능을
이용해 회색으로 칠함)

오븐과 가스레인지

양문형 냉장고

전자레인지

인터넷을 사용할 수 있게 도와주는 무선 공유기
(와이파이 신호도 함께 표현)

물을 끓이는 전기 포트(뚜껑을 여는 버튼과 ON/OFF
스위치 표현)

가정용 다리미

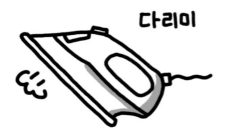

진공청소기가 먼지를 빨아들이고 있는 모습

뚜껑을 열면 뜨거운 김이 모락모락 올라오는 밥솥

맛있는 커피를 만들어주는 커피 메이커(커피가 한 방울 떨어지는 모습)

컵과 접시를 설거지하고 있는 식기세척기

책상 위에 놓인 스탠드형 조명(스위치도 표현)

시원한 바람이 쏟아지는 에어컨

최신형 노트북 PC(액정은 검은색으로 채움)

노트북 PC

모니터, 키보드, 본체로 구성된 데스크톱 컴퓨터

데스크탑 PC

레이저 프린터. 프린트가 끝난 종이가 앞쪽으로 나오는 모습

프린터

네 개의 날개가 달린 선풍기

선풍기

영상을 무선으로 송신하고 있는 폐쇄회로 카메라

CCTV

TV와 리모컨

TV

두 개의 스피커가 있는 스테레오 오디오

오디오

Lesson

17

이동 수단

일상생활 **이동 수단** **사물**

── 완성 파일 : Chapter 4\이동수단.PSD

우리는 일상에서 다양한 이동 수단을 이용합니다. 걷는 것과 비슷한 느린 속도, 비행기처럼 빠른 속도, 혼자 이용하는 것, 수천 명이 탑승할 수 있는 것 등 정말 다양한 이동 수단이 있습니다.

🔍 미리 보기

TIP 사용하는 레이어는 다섯 개입니다. 순서대로 글자, 라인, 그림자, 5×4격자, 그리드 레이어입니다.

STEP 1. 이동 수단 그리기

01 **레이아웃 나누기** 여러 이동 수단을 그리기 위해 레이아웃을 나눕니다. **[펠트펜]**(표준, 크기 9, 파란색)으로 가로세로 5×4칸을 그립니다.

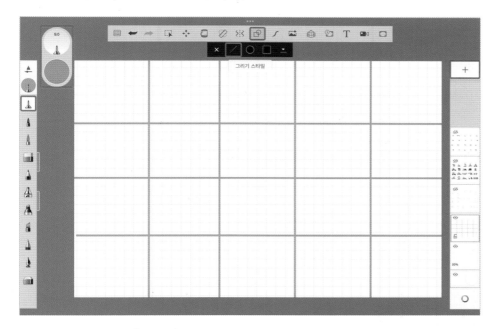

02 **펜 선 그리기** **[펠트펜]**(표준, 크기 5, 검은색)으로 이동 수단에서 볼 수 있는 다양한 사물을 간단하게 그립니다. 짙은 회색 유리 부분은 채우기 기능을 활용합니다.

03 <u>**그림자 그리기**</u> [펠트펜](마커펜, 크기 9, 회색)으로 그림자를 그립니다. 그림자를 추가하니 입체감이 느껴집니다.

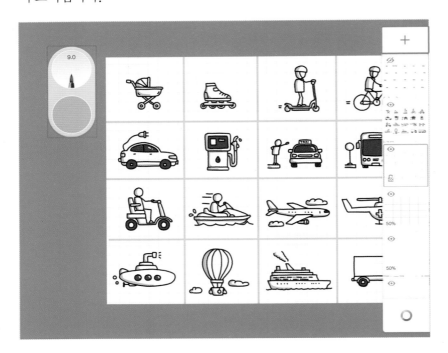

04 <u>**글자 넣기**</u> [펠트펜](표준, 크기 4, 검은색)으로 각 이동 수단에 맞는 명칭을 적습니다. 또박또박 씁니다.

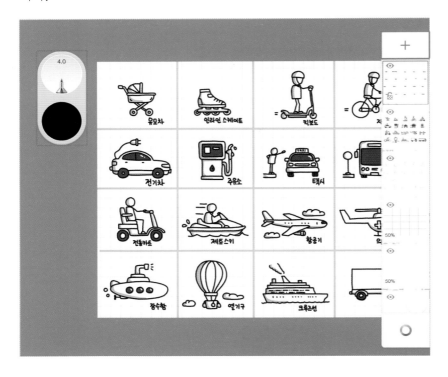

STEP 2. 다양한 이동 수단 표현하기

일상에서 만나는 여러 가지 이동 수단의 특징을 표현해보겠습니다.

아기를 태우고 이동할 수 있는 유아차

네 개의 바퀴가 달린 인라인 스케이트

배터리와 모터의 힘으로 움직이는 전동 킥보드

페달을 밟아 달리는 자전거

좀 더 빠른 속도를 내는 오토바이

자동차에 충전할 수 있는 플러그를 그리면 전기차 완성

손을 들고 지나가는 택시를 잡는 모습

천천히 움직이는 구름 위의 열기구(모래 주머니 표현)

주유기를 그리고 주유 노즐 끝부분에
기름 한 방울 추가

정거장 앞에 정차한 버스

레일과 플랫폼을 함께 그린 지하철

바다에서 신나게 즐길 수 있는 제트 스키

하늘 위를 나는 항공기(구름을 추가해 높이 나는 것처
럼 표현)

긴급하게 환자를 수송하는 의료용 헬기

의료헬기

크고 무거운 트레일러

트레일러

몸이 불편한 분들이 사용하는
전동 카트

전동카트

화물을 운반하는 트럭

트럭

지하철 개찰구(회전 막대, 카드 인식
판 등을 함께 표현)

개찰구

잠수함(잠망경과 후방의 프로펠러 표현)

잠수함

엄청난 규모의 크루즈선(창문을 작은 점으로 표현)

크루즈선

동물

완성 파일 : Chapter 4\동물.PSD

모든 동물은 자신만의 고유한 특징을 갖고 있습니다. 이러한 특징을 잘 살리면 세밀한 묘사를 하지 않아도 한눈에 해당 동물을 알아볼 수 있습니다. 외워서 그리는 것보다 특징을 잘 살린 간단한 이미지를 보고 따라 그리는 연습을 하면 좋습니다.

🔍 미리 보기

TIP ▶ 사용하는 레이어는 다섯 개입니다. 순서대로 글자, 라인, 그림자, 5×4격자, 그리드 레이어입니다.

STEP 1. 동물 그리기

01 레이아웃 나누기 다양한 동물을 그리기 위해 레이아웃을 나눕니다. **[펠트펜]**(표준, 크기 9, 파란색)으로 가로세로 5×4칸을 그립니다.

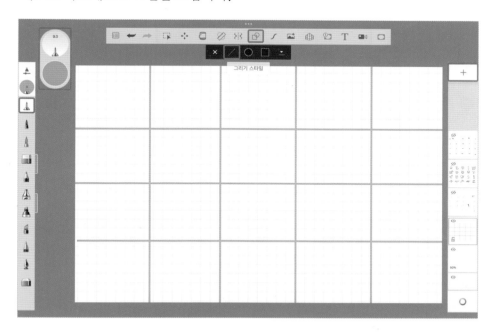

02 펜 선 그리기 [펠트펜](표준, 크기 5, 검은색)으로 동물을 간단하게 그립니다.

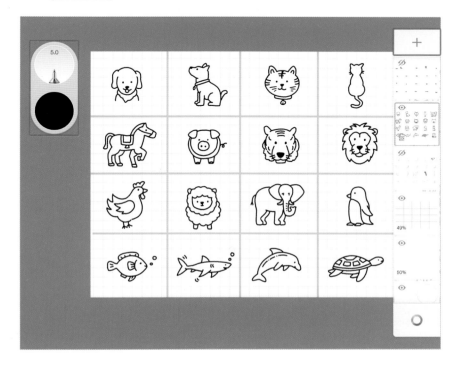

03 <u>그림자 그리기</u> [펠트펜](마커펜, 크기 9, 회색)으로 그림자를 그립니다. 그림자를 추가하니 입체감
이 느껴집니다.

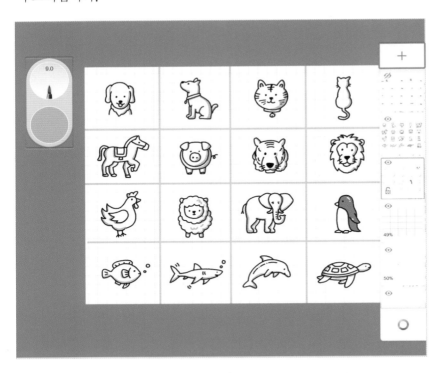

04 <u>글자 넣기</u> [펠트펜](표준, 크기 4, 검은색)으로 각 동물의 이름을 적습니다. 또박또박 씁니다.

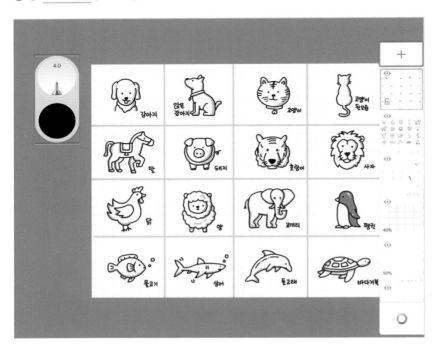

STEP 2. 다양한 동물 표현하기

각 동물의 다양한 특징을 살려 그려보겠습니다.

동그란 얼굴, 삼각형 코, 조금 내민 혀, 처진 귀는 강아지의 특징

귀를 쫑긋 세우고 주인을 바라보고 앉아 있는 귀여운 강아지

삼각형의 귀, 수염, 줄무늬는 고양이의 특징

엉덩이가 토실토실한 고양이 뒷모습

우유를 만드는 젖소(목에 방울도 표현)

길쭉한 얼굴, 안장, 꼬리와 갈기는 말의 특징

머리꼭지에 벼슬이 있고, 부리 아래에는 육수라고 하는 붉은색 피부가 늘어져 있는 닭

닭

큰 지느러미, 유선형의 몸통, 삼각형의 머리가 특징인 상어

상어

통통한 몸, 납작한 코, 말린 꼬리는 돼지의 특징

돼지

얼굴에 멋진 갈기가 있는 수사자(귀는 작고 동그랗게 표현)

사자

둥글고 넓적한 얼굴이 특징인 곰

곰

큰 귀, 긴 코, 상아, 우직한 몸통은 코끼리의 특징

코끼리

단단해 보이는 턱과 수염, 얼굴의 줄무늬 등은 호랑이의 특징

호랑이

지느러미 발, 등 지느러미, 동그란 입이 특징인 돌고래

등 지느러미, 가슴 지느러미, 꼬리 지느러미,
배 지느러미 등을 표현하면 근사한 물고기 완성

돌고래

물고기

귀엽게 앉아 있는 토끼

털이 빽빽하게 자란 양

연미복을 입은 것 같은
귀엽고 멋진 펭귄

토끼

양

펭귄

납작한 물갈퀴 모양의 발을 가지고 있어 먼 바다까지
헤엄쳐 갈 수 있는 바다거북

바나나를 좋아하는 어린 원숭이
(몸에 비해 얼굴을 크게 그리면 어린 원숭이가 됨)

바다거북

원숭이

직장 생활

직장 생활　상황　사물

완성 파일 : Chapter 4\직장생활.PSD

직장인은 하루 시간 중 1/3 이상을 일터에서 보내며 다양한 상황을 접하게 됩니다. 직장에서 만나는 상황과 사물을 표현해보겠습니다.

🔍 미리 보기

> TIP 사용하는 레이어는 다섯 개입니다. 순서대로 글자, 라인, 그림자, 5×4격자, 그리드 레이어입니다.

01 레이아웃 나누기 직장 생활의 다양한 모습과 관련 사물을 그리기 위해 레이아웃을 나눕니다. [펠트펜](표준, 크기 9, 파란색)으로 가로세로 5×4칸을 그립니다.

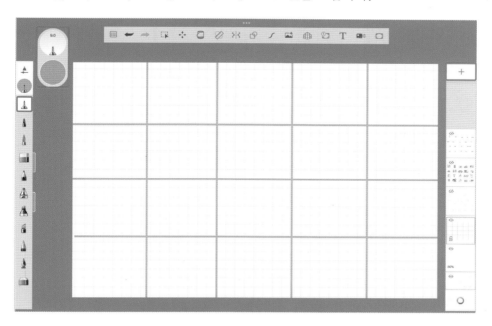

02 펜 선 그리기 [펠트펜](표준, 크기 5, 검은색)으로 직장 생활에서 볼 수 있는 다양한 모습을 그립니다.

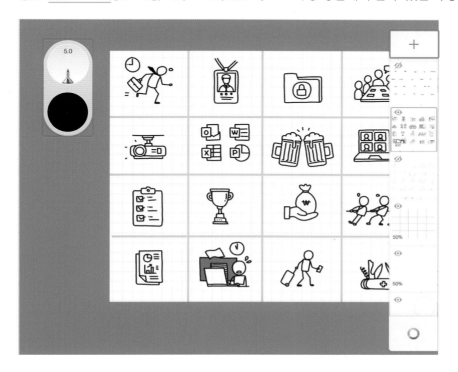

03 **그림자 그리기** [펠트펜](마커펜, 크기 9, 회색)으로 그림자를 그립니다. 그림자를 추가하니 입체감이 느껴집니다.

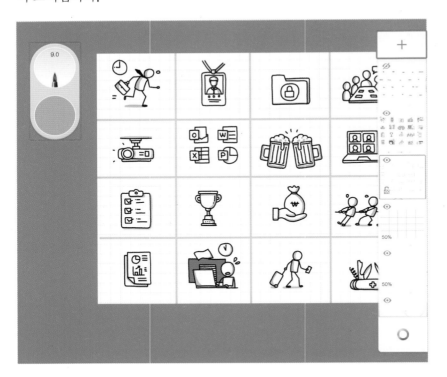

04 **글자 넣기** [펠트펜](표준, 크기 4, 검은색)으로 상황에 맞는 이름을 적습니다. 또박또박 씁니다.

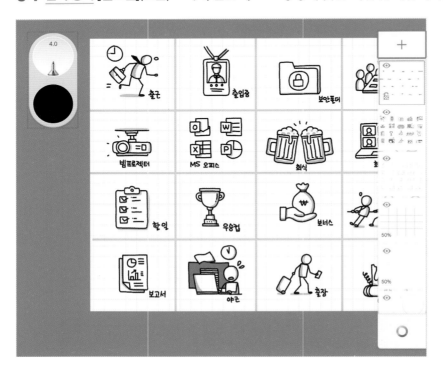

STEP 2. 다양한 직장 생활 표현하기

다양한 상황과 일터에서 만나는 사물의 특징을 살려 표현해보겠습니다.

오전 9시까지 일터로 달려가는 직장인의 모습

다양한 능력이 있음을 다용도 주머니칼을 이용해 간접
적으로 표현

자신의 사진과 이름이 적힌 출입증

중요한 기밀 문서가 담긴 보안 폴더

테이블에 모여 앉아 회의를 진행하고 있는 모습

프레젠테이션을 하고 있는 모습

프레젠테이션에 꼭 필요한 빔 프로젝터. 천장에 설치

빔프로젝터

마이크로소프트에서 만든 MS 오피스 프로그램
(아웃룩, 워드, 엑셀, 파워포인트)

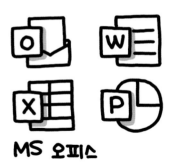

MS 오피스

훌륭한 성과를 내면 받는 상장

상장

체크리스트 형식인 오늘의
할 일 목록

할일

훌륭한 성과를 내고 받는 우승컵

우승컵

카메라가 달린 노트북 컴퓨터로 온라인 화상 회의를
하고 있는 모습

화상회의

함께 힘을 모아 협력하는 것을 줄다리기로 표현

협력

기분이 좋아지는 보너스를 현금 주머니로 표현

보너스

늦은 시간까지 야근을 하는 모습

야근

머릿속에서 좋은 생각이 떠오른 순간

아이디어

다양한 그래프가 들어간 보고서

보고서

항공권과 여행 가방을 가지고 출장 가는 모습

출장

시원한 맥주 한 잔 기울이는 모습

회식

회사에서 발급한 법인카드로 결제

법인카드

Chapter

5

일상에
적용하기

한글을 막 익히기 시작한 아이처럼 비주얼씽킹에서도 기본 도형을 먼저 연습하고 자주 사용하는 시각적 단어를 익힙니다. 이 시각적 단어를 이용해 의미 있는 정보를 만들어낼 수 있습니다. 이제 일상생활에서 유용하게 사용할 수 있는 비교적 간단한 작업을 해보겠습니다. 기본적인 작업 방식을 익힌 후에는 나만의 그림 스타일과 작업 방식을 개발하는 것도 좋습니다. 그러나 처음부터 너무 욕심을 내지는 않습니다. 부담 없이 따라 그리다 보면 어느 순간 '번쩍' 영감이 떠오르는 순간을 만나게 될 것입니다.

목표 : 새해 소망 10가지

일상 소망 새해

— 완성 파일 : Chapter 5\새해 소망 10가지.PSD

새해가 되면 많은 사람이 새로운 다짐을 합니다. 이때 이루고 싶은 소망을 머릿속에만 두지 말고 시각화하면 실현 가능성은 더욱 커집니다. 먼저 갖고 싶은 물건, 만들고 싶은 습관, 배우고 싶은 것 등 원하는 것 10가지를 생각합니다. 혹시 1년 안에 이루기 힘든 목표라면 5년, 10년의 장기 계획도 좋습니다.

🔍 미리 보기

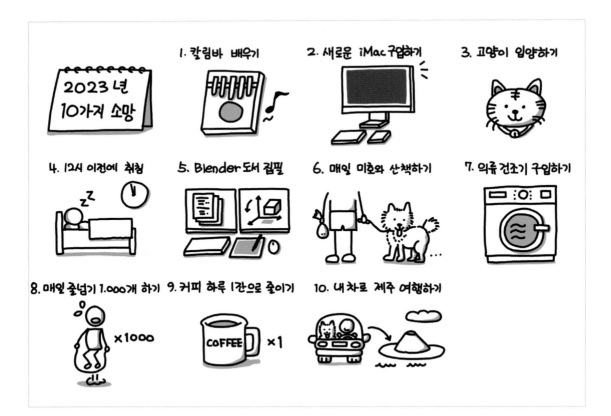

비주얼씽킹 시각화 단계 알아보기

STEP 1. 10가지 소망을 정리했다면 레이아웃을 적당하게 나눕니다.

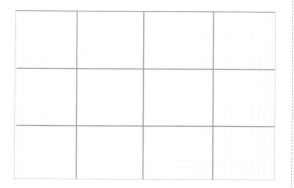

STEP 2. 10가지 소망(제목)을 먼저 쓰고 연필로 대략적인 밑그림을 그립니다.

STEP 3. 검은색 라인(펜 선)으로 글과 그림을 간단하게 표현합니다.

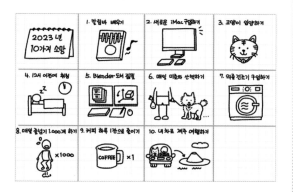

STEP 4. 회색 그림자를 추가해 완성합니다.

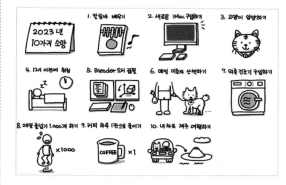

10가지 소망 적기

처음부터 10가지 소망을 그림으로 표현하는 것은 어려울 수 있습니다. 먼저 10가지를 글로 써봅니다. 종이와 펜을 이용하는 것도 좋고 스마트폰이나 PC를 이용하는 것도 좋습니다. 익숙한 도구를 사용합니다. 너무 많은 고민은 하지 말고 재빨리 10가지를 생각합니다. 필자의 10가지 새해 소망은 다음과 같습니다.

- 칼림바 배우기
- 새로운 iMac 사기
- 고양이 입양하기
- 12시 이전에 잠자리에 들기
- Blender 책 집필하기
- 매일 미호와 산책하기
- 의류 건조기 사기
- 매일 줄넘기 1,000개 하기
- 커피 하루 1잔으로 줄이기
- 내 차로 제주도 여행하기

STEP 1. 캔버스 만들고 레이아웃 나누기

01 __새 파일 만들기__ 3000×2000px 크기의 새 파일을 만듭니다.

02 __그리드 레이어 준비하기__ 그리드 이미지를 불러와 새 레이어로 만듭니다.

TIP 드로잉 준비에 필요한 새 파일을 만들고 그리드 레이어를 준비하는 과정은 086쪽을 참고합니다.

03 __레이아웃 나누기__ ❶ 새 레이어를 추가하고 ❷ **[펠트펜](표준, 크기 6, 파란색)**으로 ❸ 가로세로 4×3 칸을 그려 12칸을 만듭니다.

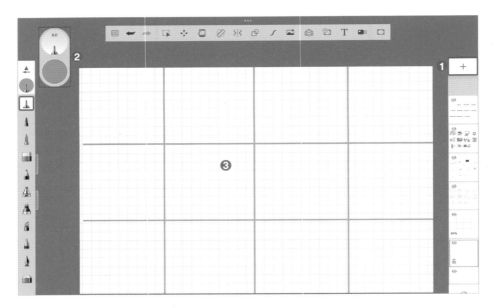

TIP 새해 소망 10가지이므로, 맨 앞 칸은 제목을 쓰겠습니다. 펜 선은 검은색이므로 레이아웃 영역(4×3칸)과 밑그림은 파란색으로 그립니다.

비주얼씽킹 전문가 NOTE   자 도구 이용하기

상단 도구 바에 있는 자⬚를 터치하면 세 가지 모양의 자가 나타납니다. 가장 왼쪽에 있는 아이콘을 선택하면 직선을 쉽게 그릴 수 있습니다. 자의 위치나 각도를 바꾸려면 손가락 두 개로 회전합니다.

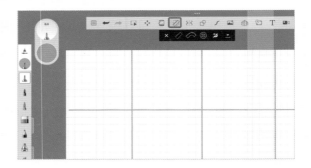

STEP 2. 밑그림 그리기

04 제목 쓰기 ① 레이아웃을 나눈 레이어 위에 새 레이어를 추가하고 **②** **[펠트펜]**(표준, 크기 5, 검은색)으로 10가지 소망을 씁니다.

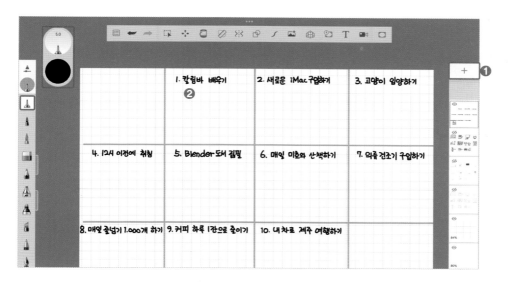

05 밑그림 그리기 새 레이어를 추가하고 **[연필]**(크기 4, 파란색)로 10가지 소망을 간단히 그립니다. 전체 레이아웃 안에서 각 이미지의 특징을 간략하게 스케치한다는 느낌으로 그립니다.

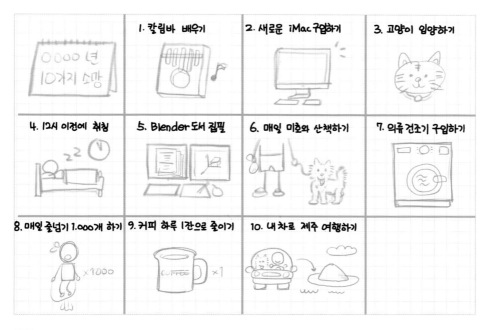

> **TIP** 밑그림 없이 바로 펜 선 그리기를 하는 것이 익숙하다면 **STEP 2**를 생략해도 됩니다. 그러나 익숙해지기 전까지는 시간이 걸리고 귀찮겠지만 밑그림 그리는 단계를 꼭 진행하면 비주얼씽킹의 완성도를 높이는 데 좋습니다.

06 새 레이어를 추가하고 **[펠트펜]**(표준, 크기 5, 검은색)으로 탁상 달력 모양을 그리고 제목을 씁니다.

07 칼림바는 오르골과 비슷한 소리가 나며 누구나 쉽게 배울 수 있는 악기입니다. 밑그림을 참고하여 그립니다.

08 애플의 신형 iMac을 구입하고 싶습니다. 키보드와 트랙패드도 간단하게 표현합니다.

09 목에 방울이 있는 고양이를 그립니다.

10 침대에 누워 잠든 모습과 시계를 함께 그립니다.

11 두 대의 모니터에 MS 워드와 3차원 그래픽 프로그램인 Blender를 표현했습니다.

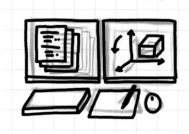

12 아침에 저희 강아지 사모예드 미호와 산책하는 모습입니다. 손에는 배변 봉투를 들고 있습니다.

13 밑그림을 참고하여 의류 건조기를 그립니다.

14 숨을 헐떡이며 점프를 하는 모습입니다. 오른쪽에는 숫자로 줄넘기 횟수를 적었습니다.

15 머그컵에 담긴 커피를 그리고 '×1'을 써서 한 잔을 표현했습니다.

16 앞에서 본 자동차와 제주도를 그렸습니다. 화살표를 이용해 자동차로 제주도에 가는 것을 표현했습니다. 펜 선 그리기를 모두 마쳤습니다.

17 **밑그림 숨기기** 밑그림 레이어를 숨겨 라인만 보이게 합니다. 레이어의 눈을 터치하면 레이어를 숨길 수 있습니다.

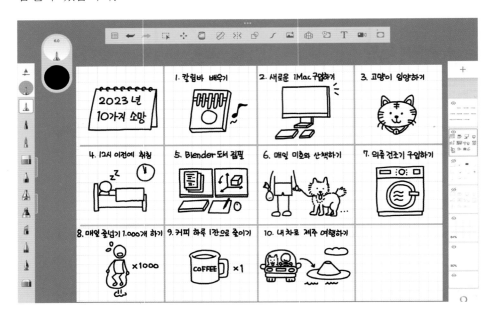

STEP 4. 그림자 그리기

18 ❶ 펜 선을 그린 레이어 아래에 새 레이어를 추가합니다. ❷ **[펠트펜]**(마커펜, 크기 8, 회색)으로 그림자를 그립니다. iMac 모니터에는 조금 더 진한 색을 이용해도 좋습니다.

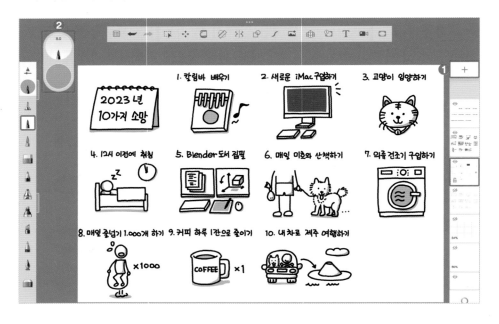

19 그림자 레이어만 확인할 수도 있습니다.

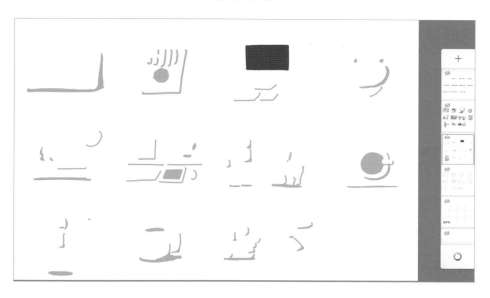

20 **레이어 정리하여 완성하기** 제목, 라인(펜 선), 그림자 레이어만 보이도록 합니다. 간단하고 멋진 새해 소망이 완성되었습니다.

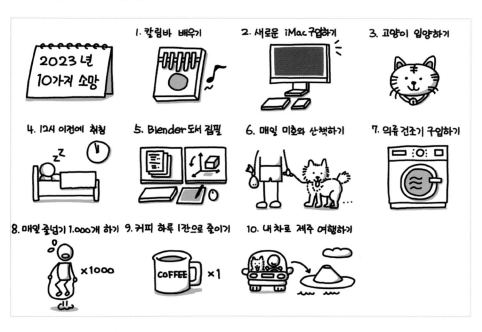

일상에 적용하기

꼭 새해가 아니라도 언제든지 10가지 소망을 적어보고 그려봅니다. 종이로 출력해 책상 앞에 붙여두고 시간이 흘러 소망 10가지 중에 몇 가지를 이루었는지 체크해봅니다. 1년 안에 10가지 소망을 모두 이룬다면 정말 멋진 한 해를 보냈다는 생각에 뿌듯할 것입니다.

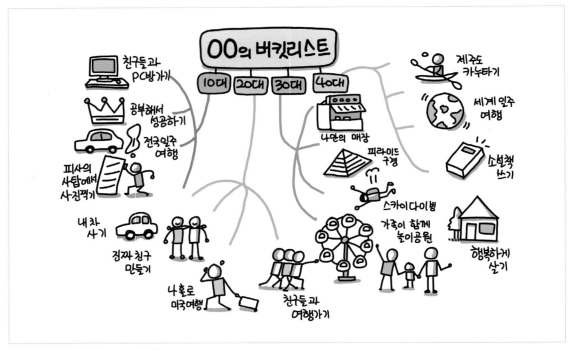

▲ 중학생이 만든 버킷리스트 : 40년 계획

2

목표 : 마인드맵으로 2023년 계획하기

일상 마인드맵 새해

완성 파일 : Chapter 5\마인드맵 계획.PSD

앞서 만든 새해 소망 10가지는 순서대로 번호를 붙여 정리했습니다. 그런데 더 많은 소망이 생각난다면 어떻게 하는 것이 좋을까요? 적당하게 분류를 한 후에 그룹으로 묶어서 표현합니다. 이때 사용할 수 있는 것이 마인드맵 구조입니다. 마인드맵 구조는 중앙에 주제를 만들고 나뭇가지 모양으로 점차 세분된 정보를 표현하는 방식입니다.

🔍 미리 보기

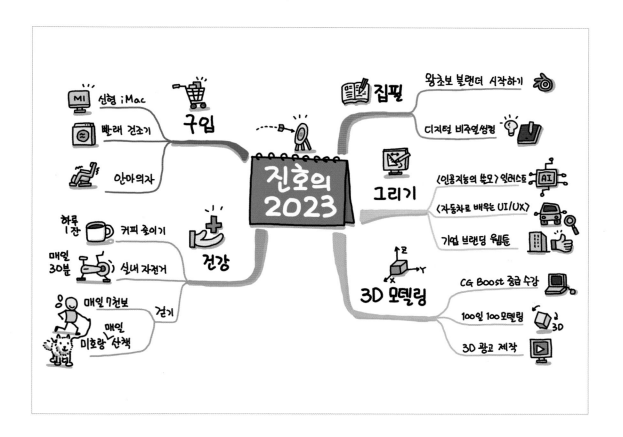

비주얼씽킹 시각화 단계 알아보기

STEP 1. 마인드맵 구조를 이용해 분류를 만들고 밑그림을 그립니다.

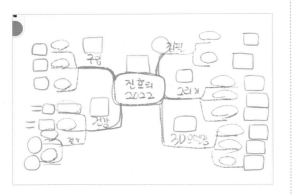

STEP 2. 중앙에는 달력 모양의 제목 배너를 그리고 다섯 개의 가지를 그려 분류를 만듭니다.

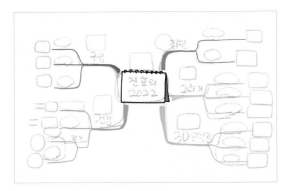

STEP 3. 검은색 라인(펜 선)으로 글과 그림을 간단하게 표현합니다.

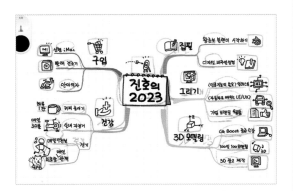

STEP 4. 채우기 기능으로 채색합니다.

STEP 5. 가지와 그림에 회색 그림자를 추가해 완성합니다.

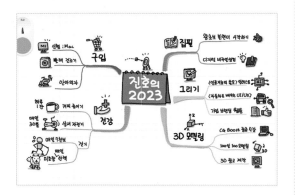

분류 만들기

마인드맵 분류를 만들기 전에 먼저 생각나는 것을 자유롭게 적어봅니다. 그런 다음 각 항목의 공통점을 찾아서 분류합니다. 필자는 집필, 그리기, 3D 모델링, 건강, 구입 등 다섯 가지 분류를 이용해 다음과 같이 정리해보았습니다.

집필
- 《왕초보 블렌더 시작하기》
- 《디지털 비주얼씽킹》

3D 모델링
- CG Boost 중급 수강
- 100일 100 모델링
- 3D 광고 제작

구입
- 신형 iMac
- 빨래 건조기
- 안마 의자

그리기
- 책《인공지능의 쓸모》 일러스트
- 책《자동차로 배우는 UI/UX》
- 기업 브랜딩 웹툰

건강
- 커피 줄이기 : 하루 1잔
- 실내 자전거 : 매일 30분
- 걷기 : 매일 7천 보, 미호와 매일 산책

마인드맵 정보 구조

표현해야 할 정보가 많아지면 이를 정리할 적절한 구조가 필요합니다. 필자가 좋아하는 정보 구조 중 한 가지는 마인드맵입니다. 중앙에 주제를 놓고 나뭇가지 모양으로 정보가 뻗어나가며 세분되는 형태입니다. 마인드맵은 손으로 그릴 수도 있고 PC를 이용해 디지털로 작업할 수도 있습니다. 디지털 마인드맵으로 표현하면 다음과 같습니다. 필자가 사용한 프로그램은 Xmind(https://xmind.net)입니다. 무료 버전을 사용할 수도 있으며 자세한 내용은 **Appendix. 디지털 마인드맵, Xmind 활용하기**(372쪽)를 참고합니다.

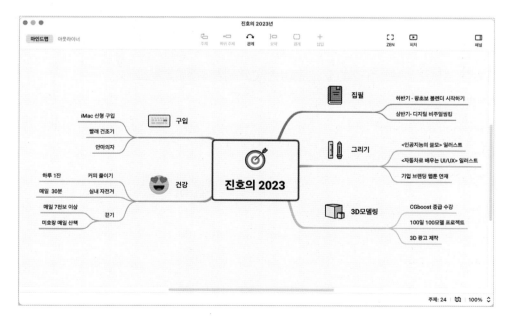

STEP 1. 캔버스 만들고 밑그림 그리기

01 <u>새 파일 만들기</u> 3000×2000px 크기의 새 파일을 만듭니다.

02 <u>그리드 레이어 준비하기</u> 그리드 이미지를 불러와 새 레이어로 만듭니다.

> **TIP** 드로잉 준비에 필요한 새 파일을 만들고 그리드 레이어를 준비하는 과정은 086쪽을 참고합니다.

03 **마인드맵 구조 밑그림 그리기** 새 레이어를 추가하고 **[연필](크기 8, 파란색)**로 밑그림을 그립니다. 중앙에는 제목을 배치하고 그 옆으로 다섯 개의 분류를 배치합니다. 글과 그림이 들어갈 적당한 위치를 잡습니다. 이 단계는 상세하게 그릴 필요가 없고, 위치만 간략히 표시해도 좋습니다.

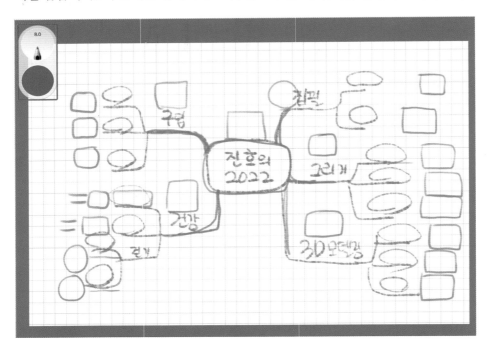

STEP 2. 마인드맵 구조 만들기

04 전체적인 밑그림을 그렸으면 마인드맵 구조를 만들 차례입니다. ❶ 새 레이어를 추가하고 ❷ [펠트펜](표준, 크기 6, 검은색)으로 중앙에 탁상 달력 모양을 그리고 제목을 씁니다. ❸ 좋아하는 색을 이용해 다섯 개의 가지를 그립니다.

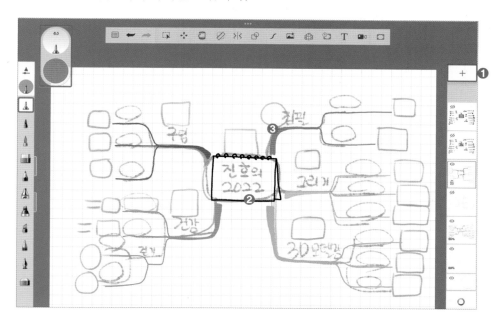

STEP 3. 펜 선 그리기

05 다섯 개의 분류로 나눈 가지를 글과 그림으로 표현합니다. 새 레이어를 추가하고 [펠트펜](표준, 크기 4, 검은색)으로 집필 분류를 책 모양으로 그립니다. 분류를 나타내는 제목은 굵게(크기 8) 씁니다. 블렌더는 3차원 컴퓨터 그래픽 프로그램입니다. 디지털 비주얼씽킹에는 아이디어를 표현하는 전구, 태블릿, 스타일러스 펜을 그렸습니다.

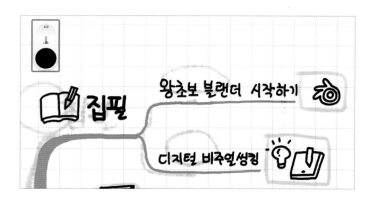

06 PC 모니터에 삼각자와 연필을 그렸습니다. 인공지능, 자동차, 기업 건물을 나타내는 이미지를 표현했습니다.

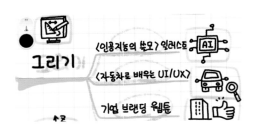

07 3차원 공간을 나타내는 X, Y, Z 축과 육면체를 그렸습니다. 온라인 수업을 듣기 위한 노트북, 3차원 공간에서 움직이는 육면체, 모니터와 동영상 등을 표현했습니다.

08 병원을 나타내는 십자 모양을 손 위에 그렸습니다. 커피, 실내 자전거, 강아지 미호와 함께 산책하는 모습을 표현했습니다.

09 마트에서 볼 수 있는 쇼핑 카트를 그렸습니다. 필자가 사용할 신형 iMac, 아내를 위한 빨래 건조기, 온 가족이 사용할 안마 의자를 표현했습니다.

STEP 4. 채색하기

10 새 레이어를 추가합니다. 중앙에 있는 탁상 달력 모양은 파란색으로 채우고 제목은 흰색으로 채워 눈에 띄게 합니다.

TIP 채우기 기능을 적용하면 쉽고 빠르게 채색할 수 있습니다. 채색 단계는 비슷한 색상을 묶어서 작업하면 편리합니다. 예를 들어 '기업 브랜딩 웹툰'의 손, '건강' 분류의 손, '걷기'의 매일 7천보 등에 공통으로 등장하는 피부색은 한 번에 채색하면 작업 시간을 줄일 수 있습니다. 채우기 기능의 자세한 내용은 092쪽을 참고합니다.

11 집필 분류의 그림을 채색합니다.

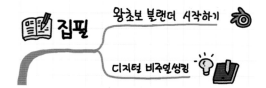

12 그리기 분류의 그림을 채색합니다.

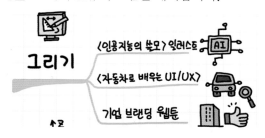

13 3D 모델링 분류의 그림을 채색합니다.

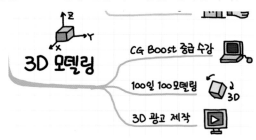

14 건강 분류의 그림을 채색합니다.

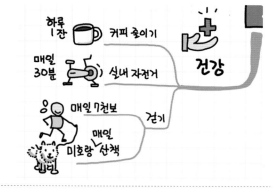

15 구입 분류의 그림을 채색합니다.

STEP 5. 그림자 그리기

16 ❶ 채색한 레이어 아래에 새 레이어를 추가합니다. ❷ [펠트펜](마커펜, 크기 5, 회색)으로 그림자를 그립니다. ❸ 그림자 레이어만 확인할 수도 있습니다.

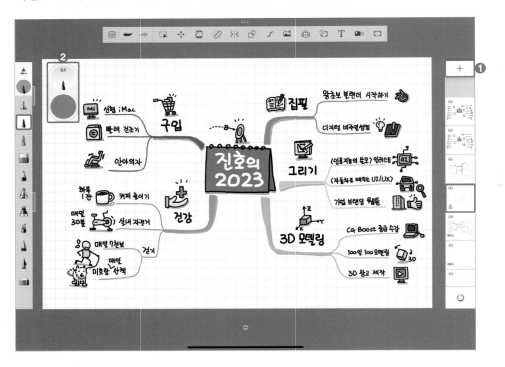

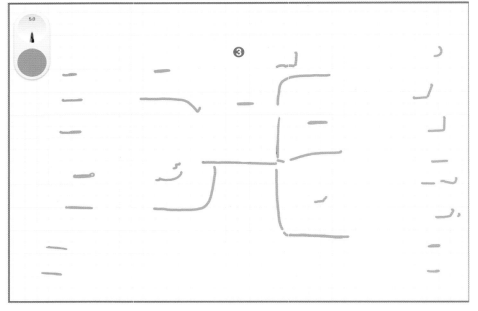

17 <u>**레이어 정리하여 완성하기**</u> 비주얼씽킹으로 멋지게 완성된 마인드맵 구조의 계획입니다.

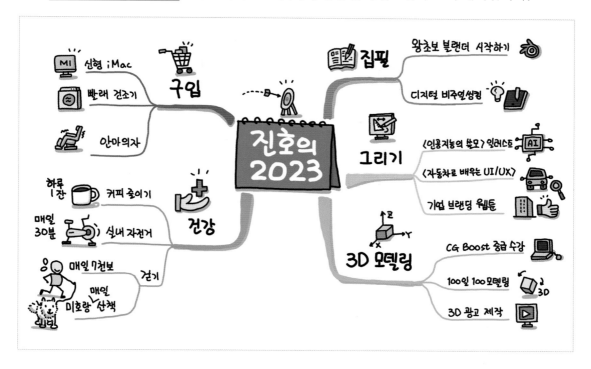

일상에 적용하기

마인드맵 구조를 이용해 비주얼씽킹으로 새해 계획을 그려보았습니다. 단순히 숫자를 이용해 나열하는 방식보다 분류를 만들고 나뭇가지 모양으로 세분해서 표현하는 것이 훨씬 보기 좋고 정보가 요약되는 것을 알 수 있습니다. **Appendix. 디지털 마인드맵, Xmind 활용하기**(372쪽)에서 PC용 마인드맵 응용 프로그램인 Xmind에 대해 자세히 알아봅니다.

마인드맵 : 내 가방 속에는 무엇이 있을까요?

완성 파일 : Chapter 5\출장 준비.PSD

학교나 회사에 갈 때, 혹은 외출하거나 출장을 갈 때 우리는 항상 어떤 물건을 가지고 이동합니다. 그런데 모든 물건을 전부 손에 들고 다닐 수는 없으므로 적당한 도구를 이용합니다. 바로 가방입니다. 여러분의 가방 속에는 무엇이 들어 있나요? 가방 속의 물건도 앞서 연습한 마인드맵 구조로 나타낼 수 있습니다. 일명 왓츠 인 마이 백(What's in my bag)입니다.

🔍 미리 보기

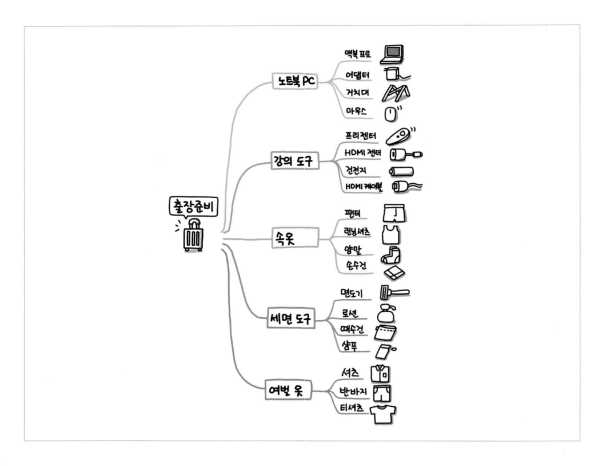

비주얼씽킹 시각화 단계 알아보기

STEP 1. 마인드맵 구조를 이용해 분류를 만들고 밑그림을 그립니다.

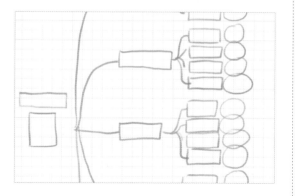

STEP 2. 중앙에는 다섯 개의 가지를 그려 분류를 만듭니다.

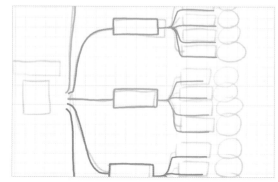

STEP 3. 검은색 라인(펜 선)으로 글과 그림을 간단하게 표현합니다.

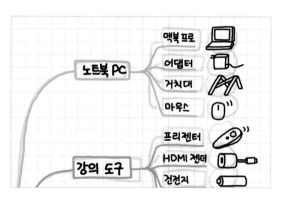

STEP 4. 회색 그림자를 추가해 완성합니다.

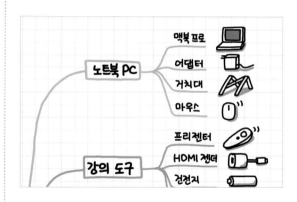

가방 속 물건 생각하기(분류 만들기)

1박 2일 출장을 떠나는 짐을 꾸려보겠습니다. 이때 다양한 물건을 트렁크에 한꺼번에 넣지 않고 기준을 두고 분류해 담는 것이 편합니다. 트렁크 안의 물건은 속옷, 노트북, 강의용 파우치, 세면도구, 여벌 옷으로 분류할 수 있습니다.

노트북
- 맥북프로, 어댑터, 거치대, 마우스

강의 도구
- 프리젠터, 젠더, 건전지, 케이블

속옷
- 팬티, 러닝셔츠, 양말, 손수건

세면도구
- 면도기, 로션, 때수건, 샴푸

여벌 옷
- 셔츠, 반바지, 티셔츠

STEP 1. 캔버스 만들고 밑그림 그리기

01 새 파일 만들기 2000×3000px 크기의 새 파일을 만듭니다.

02 그리드 레이어 준비하기 그리드 이미지를 불러와 새 레이어로 만듭니다. 캔버스가 세로 형태이므로 그리드 이미지를 손가락으로 90° 회전합니다.

> **TIP** 드로잉 준비에 필요한 새 파일을 만들고 그리드 레이어를 준비하는 과정은 086쪽을 참고합니다.

03 마인드맵 구조 밑그림 그리기 ① 새 레이어를 추가하고 ② [연필](크기 7, 파란색)로 밑그림을 그립니다. 왼쪽 중앙에는 제목을 배치하고 그 옆으로 다섯 개의 분류를 배치합니다. 오른쪽으로는 글과 그림이 들어갈 적당한 위치를 잡습니다. 이 단계는 상세하게 그릴 필요가 없고, 위치만 간략히 표시해도 좋습니다.

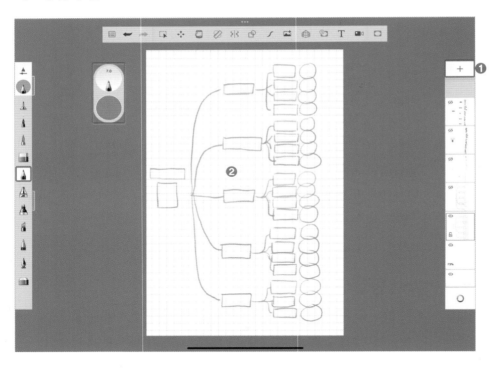

STEP 2. 마인드맵 구조 만들기

04 ① 밑그림 위에 새 레이어를 추가합니다. ② [펠트펜](표준, 크기 5)으로 다섯 개의 가지를 그려 분류를 만듭니다. 원하는 색상을 사용하되 전체적으로 균형 있게 그립니다.

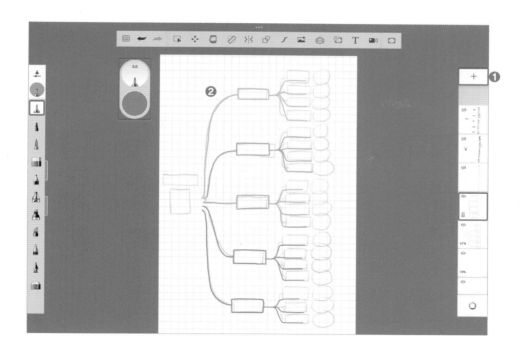

STEP 3. 펜 선 그리기

05 다섯 개로 분류한 가지 위에 각 항목을 글과 그림으로 표현합니다. ❶ 새 레이어를 추가하고 ❷ [펠트펜](표준, 크기 4.5, 검은색)으로 제목을 씁니다. 다섯 개의 분류를 나타내는 제목은 굵게(크기 8) 씁니다.

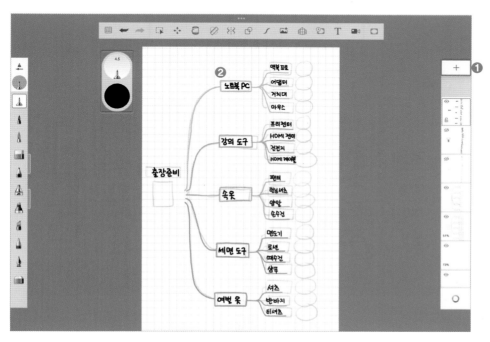

06 제목 아래에 새 레이어를 추가합니다. 간단한 형태로 분류에 어울리는 그림을 그립니다. 바퀴와 손잡이를 이용해 트렁크를 표현했습니다.

07 필자가 아끼는 노트북인 맥북프로와 전원어댑터, 높이 조절용 거치대, 무선 마우스를 그렸습니다.

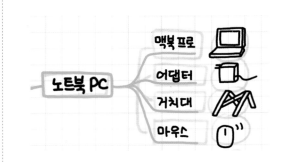

08 강의에 사용하는 무선 프리젠터, 노트북과 빔프로젝터를 연결하는 HDMI 젠더, 여분의 건전지, HDMI 케이블입니다. 간단하지만 쉽게 이해할 수 있게 표현합니다.

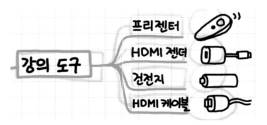

09 팬티, 러닝셔츠, 양말, 손수건 등을 간단하게 그리니 귀엽게 느껴집니다.

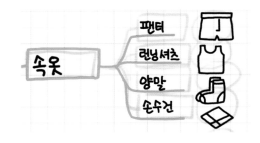

10 실제로 출장 시에는 더 많은 세면도구를 챙겨가지만 간단한 것들만 그렸습니다. 면도기, 로션, 때수건, 부피가 작은 일회용 샴푸입니다.

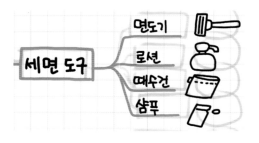

11 갈아 입을 셔츠와 숙소에서 편하게 입을 수 있는 반바지와 티셔츠도 귀엽게 그립니다.

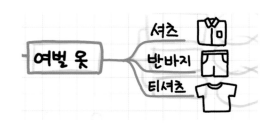

STEP 4. 그림자 그리기

12 새 레이어를 추가하고 [**펠트펜**](**마커펜, 크기 5, 회색**)으로 그림자를 그립니다. 그림자 레이어만 보면 비교적 단순하게 표현한 것을 알 수 있습니다.

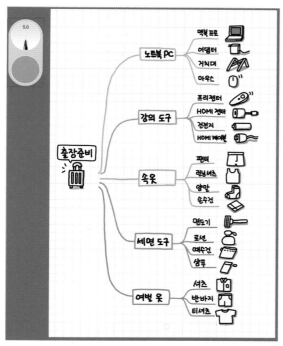

13 <u>레이어 정리하여 완성하기</u> 비주얼씽킹으로 멋지게 표현한 출장 준비 마인드맵입니다.

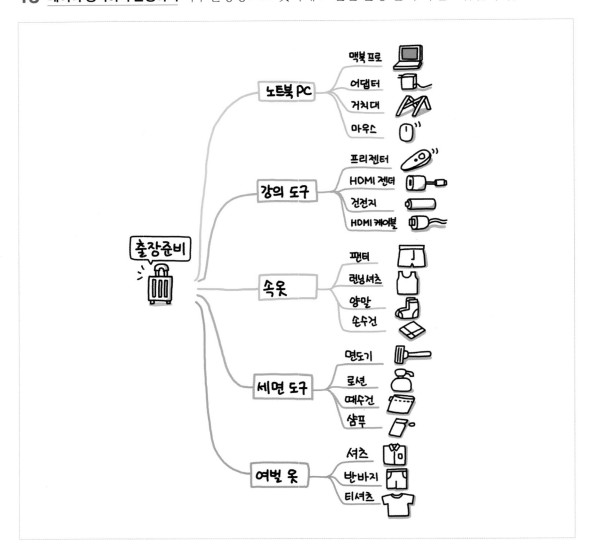

일상에 적용하기

필자는 지방 출장을 갈 때 필요한 물건을 빠뜨리는 경우가 종종 있었습니다. 그래서 비주얼씽킹으로 필요한 것을 정리하고 A4 사이즈로 출력해서 여행용 가방에 넣어두었습니다. 이렇게 하면 복잡하지 않고 즐거운 마음으로 출장을 준비하고 다녀올 수 있습니다. 여러분도 자신의 가방 속에 무엇이 있는지 마인드맵을 그려보며 정리해보는 시간을 가져봅니다.

정보 : 개성 만점 명함 만들기

일상 명함 세상 유일

완성 파일 : Chapter 5\명함.PSD

사회생활을 하는 대부분의 사람은 명함을 갖고 있습니다. 조금 투박하지만 손으로 한 땀 한 땀 그린 정감 넘치는 명함, 세상에 하나뿐인 나만의 명함을 만들어보면 어떨까요? 비주얼씽킹 스타일의 매력적인 명함을 그려보겠습니다.

🔍 미리 보기

비주얼씽킹 시각화 단계 알아보기

STEP 1. 명함에 넣을 정보를 정리했다면 정보를 배치할 위치를 잡아 밑그림을 그립니다.

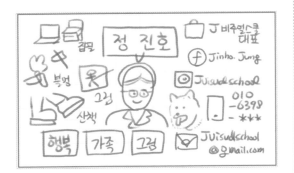

STEP 2. 검은색 라인(펜 선)으로 글과 그림을 간단하게 표현합니다.

STEP 3. 채우기 기능으로 간단하게 채색합니다. 한 가지 색상만 이용하는 것도 좋습니다.

STEP 4. 회색 그림자를 추가합니다.

STEP 5. 그림자와 색상이 겹치는 부분을 자연스럽게 정돈해 완성합니다.

명함에 포함할 내용 정리하기

일반적인 명함과 달리 우리가 만들 명함에는 좀 더 다양하고 재미있는 정보를 넣어보겠습니다.

- 이름 : 정진호
- 소속 : J비주얼스쿨 대표
- 연락처 : 010-6398-****
- SNS : [F]Jinho.Jung [I]jvisualschool
- 이메일 : jvisualschool@gmail.com

- 세 가지 키워드 : 행복, 가족, 그림
- 취미 : 불멍, 산책
- 특기 : 그림, 집필
- 반려동물 : 사모예드 미호

STEP 1. 캔버스 만들고 밑그림 그리기

01 새 파일 만들기 3000×2000px 크기의 새 파일을 만듭니다.

02 그리드 레이어 준비하기 그리드 이미지를 불러와 새 레이어로 만듭니다.

TIP 드로잉 준비에 필요한 새 파일을 만들고 그리드 레이어를 준비하는 과정은 086쪽을 참고합니다.

03 사각 프레임 그리기 ❶ 새 레이어를 추가하고 **❷ [펠트펜]**(표준, 크기 5, 파란색)으로 캔버스 중앙에 사각형 프레임을 그립니다. **❸** 그리기 스타일 ⊕ 을 이용하면 직선을 쉽게 그릴 수 있습니다.

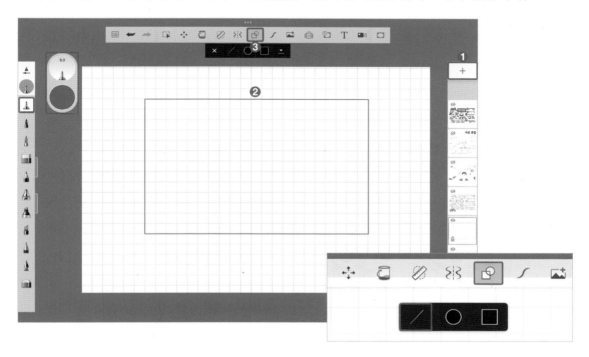

04 밑그림 그리기 ❶ 새 레이어를 추가하고 **❷** [연필](크기 8, 파란색)로 간단하게 밑그림을 그립니다. 중앙에는 이름과 얼굴을 그리고 주변에는 앞서 정리한 정보를 자유롭게 배치합니다. 아래에는 가장 중요하게 생각하는 세 가지 키워드를 적습니다.

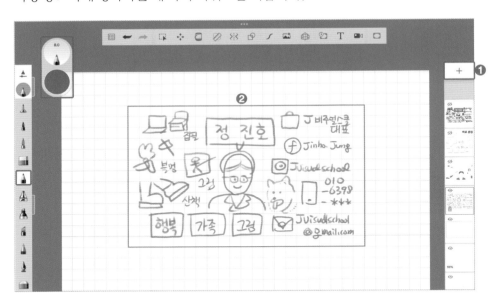

STEP 2. 펜 선 그리기

05 ❶ 새 레이어를 추가합니다. **❷** [펠트펜](표준, 크기 5, 검은색)으로 라인을 그립니다. 부담은 버리고 자신감을 갖고 그려봅니다.

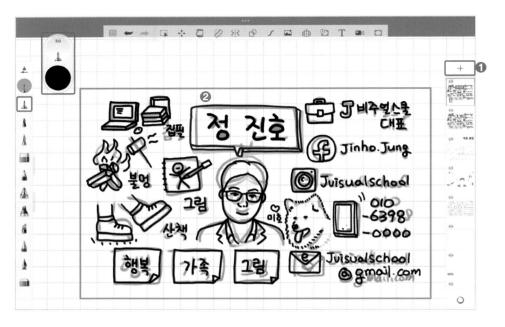

STEP 3. 채색하기

06 한 가지 색상만으로 채색해보겠습니다. ❶ 펜 선 레이어와 밑그림 레이어 사이에 새 레이어를 추가합니다. 새 레이어에서 작업하므로 채우기 기능을 활용할 수는 없습니다. ❷ **[펠트펜](표준, 크기 5, 파란색)**으로 닫힌 영역을 만들고 색상을 채웁니다.

TIP 이렇듯 중요하게 사용하는 한 가지 색상을 하이라이트 컬러라고 부릅니다.

07 펜 선을 그린 레이어를 숨기고 채색한 레이어만 보면 다음과 같습니다.

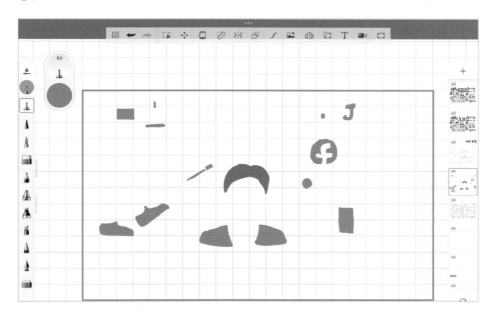

STEP 4. 그림자 그리기

08 ❶ 펜 선을 그린 레이어 아래에 새 레이어를 추가합니다. ❷ [펠트펜](마커펜, 크기 5, 회색)으로 그림자를 그립니다. ❸ 그림자 레이어만 보면 다음과 같습니다.

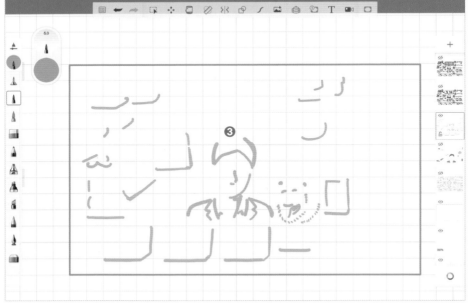

그림자를 추가했지만 살짝 어색한 부분이 보입니다. 그림자와 채색 영역이 겹치는 부분입니다. 산책하는 신발의 뒷부분, 재킷의 안쪽 그림자가 파란색과 어울리지 않아서 부자연스럽게 보입니다. 이 문제는 혼합 모드를 활용해 간단히 해결할 수 있습니다.

혼합 모드는 두 개의 레이어를 섞어서 보여주는 방법입니다. Sketchbook은 다양한 혼합 모드를 제공합니다. 각 혼합 모드가 어떻게 작동하는지 글로 설명하는 것보다는 다양한 혼합 모드를 하나씩 적용해보며 그림에 어울리는 혼합 모드를 선택하는 것이 효과적입니다. 새 레이어를 추가하면 기본 혼합 모드는 [일반]으로 적용됩니다.

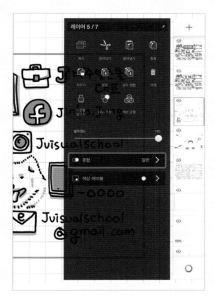

STEP 5. 혼합 모드 적용하기

09 그림자 레이어와 파란색으로 채색한 레이어가 잘 어울리도록 혼합 모드를 바꾸겠습니다. ❶ 그림자 레이어를 선택하고 ❷ 혼합 모드 메뉴가 나타나면 [색료 혼합]을 터치해 체크 표시합니다.

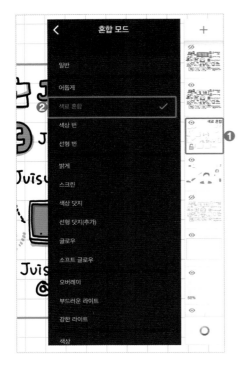

TIP [일반]으로 표시된 혼합 모드를 [색료 혼합]으로 변경합니다. 왼쪽 상단에 있는 뒤로 가기◀를 터치하면 혼합 모드가 적용됩니다. 혼합 모드를 변경하면 레이어 오른쪽 상단에 '색료 혼합' 문구가 표시됩니다.

10 색료 혼합이 적용된 그림입니다. 그림자가 파란색과 훨씬 자연스럽게 어울립니다. 색료 혼합은 파란색의 밝기를 그림자만큼 어둡게 만들어줍니다.

11 <u>레이어 정리하여 완성하기</u> 세상에 하나뿐인 명함이 비주얼씽킹으로 멋지게 완성되었습니다.

일상에 적용하기

개성이 가득 담긴 자신만의 명함을 만들어봅니다. 직장인들의 평범한 명함보다 더욱 매력적으로 느껴질 것입니다. 다음 이미지는 경북 지역 학생들이 만든 멋진 비주얼씽킹 명함입니다. 학생들의 개성이 잘 나타나 볼 때마다 사랑스럽습니다.

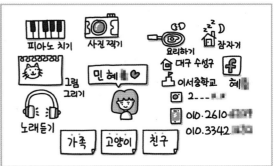

순서도 : 팬케이크 만들기

일상 요리 순서도

완성 파일 : Chapter 5\팬케이크 만들기.PSD

요리 레시피를 표현하는 방법을 배워보겠습니다. 비교적 쉽게 표현할 수 있는 팬케이크를 만들어보 겠습니다. 간단한 그림과 텍스트를 적고, 몇 가지 색상으로 채색만 하면 완성도 높은 결과물을 얻을 수 있습니다. 만일 채색 작업이 번거롭다면 그림자를 추가하는 단계까지만 작업하는 것도 좋습니다.

🔍 미리 보기

비주얼씽킹 시각화 단계 알아보기

STEP 1. 팬케이크 만드는 과정을 정리했다면 레이아웃을 나누고 밑그림을 그립니다.

STEP 2. 검은색 라인(펜 선)으로 글과 그림을 간단하게 표현합니다.

STEP 3. 채우기 기능으로 간단하게 채색합니다.

STEP 4. 회색 그림자를 추가하고 혼합 모드를 적용합니다.

STEP 5. 밝게 빛나는 부분을 추가해 완성합니다.

팬케이크 만드는 과정(요리 방법) 정리하기

디지털 비주얼씽킹은 특정한 순서에 따라 진행되는 정보를 정리할 때 유용합니다. 순서도에서 가장 중요한 것은 과정입니다. 요리는 순서가 바뀌거나 필요한 재료를 준비하지 못하면 원하는 요리를 만들어낼 수 없습니다. 따라서 정확한 과정을 지시하여 순서에 맞게 자연스럽게 이어질 수 있도록 구성하는 것이 중요합니다. 먼저 팬케이크 만드는 과정을 다음과 같이 간단한 문장으로 정리합니다.

- 달걀 1개, 우유 100ml를 넓은 그릇에 넣고 잘 저어줍니다.
- 팬케이크 가루 1봉지(150g)를 넣고 섞어줍니다.
- 반죽의 1/3 정도를 중간 불에 달군 프라이팬에 올려놓습니다.
- 3분 정도 지나고 노릇하게 구워지면 뒤집습니다.
- 완성된 팬케이크를 접시에 담고 버터를 올려놓습니다.
- 맛있게 먹습니다.

STEP 1. 캔버스 만들고 밑그림 그리기

01 새 파일 만들기 3000×2000px 크기의 새 파일을 만듭니다.

02 그리드 레이어 준비하기 그리드 이미지를 불러와 새 레이어로 만듭니다.

TIP▶ 드로잉 준비에 필요한 새 파일을 만들고 그리드 레이어를 준비하는 과정은 086쪽을 참고합니다.

03 밑그림 그리기 [연필](크기 8, 파란색)로 밑그림을 그립니다. 요리 순서에 맞게 여섯 개의 칸을 만들고 상단에 배너 모양의 리본을 그린 후 **팬케이크 만들기**라고 적습니다. 이 단계는 간단하게 그려도 충분합니다.

TIP▶ 제목 배너 아래에 가로세로로 3×2칸을 그려 레이아웃을 만듭니다. 여섯 개의 칸에 밑그림을 그려 넣습니다.

04 넓은 그릇, 깨진 달걀, 거품기, 우유를 그립니다.

05 넓은 그릇에 팬케이크 가루 1봉지를 붓는 모습을 그립니다.

06 국자에 1/3 반죽을 넣고 불 위에 올린 팬에 붓는 모습을 그립니다.

07 3분 후에 뒤집개로 팬케이크를 뒤집어야 한다는 의미로 '3분'도 적습니다.

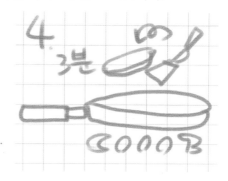

08 완성된 팬케이크를 그릇에 담고 버터를 올리는 모습을 그립니다.

09 입을 크게 벌리고 맛있게 먹는 모습을 추가합니다.

10 레이아웃과 기본적인 밑그림이 완성되었습니다.

STEP 2. 펜 선 그리기

11 밑그림 위에 새 레이어를 추가합니다. **[펠트펜](표준, 크기 5, 검은색)**으로 요리 방법을 표현합니다. 먼저 제목은 브러시 크기를 **10**으로 설정합니다.

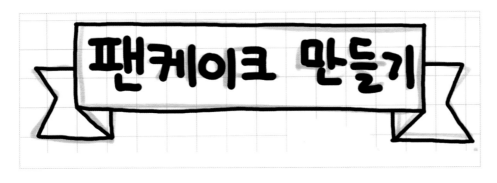

12 넓은 그릇, 깨진 달걀, 거품기, 우유를 밑 그림을 참고하여 그립니다.

13 넓은 그릇에 팬케이크 가루 150g을 붓는 모습을 그립니다.

14 국자에 1/3 반죽을 넣고 불 위에 올린 팬에 반죽을 부으려는 모습을 그립니다.

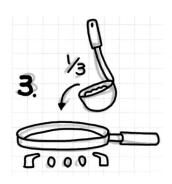

15 3분 후에 뒤집개로 팬케이크를 뒤집어야 하는 모습을 그립니다. 이때 빙글 도는 화살표를 멋지게 표현합니다.

16 완성된 팬케이크를 그릇에 담고 버터를 올리는 모습을 그립니다. 화살표를 이용해 버터의 위치를 나타냈습니다.

17 맛있게 먹는 모습을 추가합니다. 목젖이 보이도록 입을 크게 벌렸습니다. 맛있는 음식을 먹는 즐거운 순간을 하트로 표현했습니다.

18 밑그림 위에 라인이 멋지게 완성되었습니다.

STEP 3. 채색하기

19 새 레이어를 만들지 않고 펜 선을 그린 레이어에 곧바로 색을 채우겠습니다. 가장 먼저 제목 배너를 노란색으로 채웁니다.

TIP ▶ 채우기 기능에 대한 자세한 내용은 092쪽을 참고합니다.

쉽게 채색하기

디지털 비주얼씽킹은 채색 작업이 매우 간단합니다. 페인트 통 모양의 채우기 기능을 이용해 원하는 색을 터치하면 순식간에 채색이 끝납니다. 디지털 비주얼씽킹에서는 너무 많은 색을 사용하는 것보다 같은 색을 여러 곳에 반복적으로 사용하는 것이 좋습니다. 매번 색상을 변경하는 것보다 한 번에 여러 곳을 채색하면 편리합니다.

01 노란색으로 제목 배너와 팬케이크 봉지를 채색합니다.

02 연두색으로 두 개의 넓은 그릇을 한꺼번에 채색합니다.

20 달걀의 노른자 부분만 **[펠트펜]**(마커펜, 크기 5, **노란색**)을 이용하고 나머지는 모두 채우기 기능을 활용했습니다.

21 넓은 그릇에 팬케이크 가루 1봉지를 붓는 모습을 채색합니다.

22 불꽃은 빨간색으로 먼저 채운 후 **[펠트펜]** (**표준, 노란색**)으로 덧칠합니다.

23 같은 방법으로 채색합니다.

24 버터의 노란색은 채도를 살짝 낮추어 채색합니다.

25 맛있게 먹는 마지막 단계를 채색합니다. 머리카락은 완전히 검은색보다는 조금 진한 회색을 사용하는 것이 좋습니다.

26 채색이 끝났습니다.

STEP 4. 그림자 그리기

27 입체감을 살리기 위해 색이 진한 부분과 그림자를 동시에 만들어보겠습니다. ❶ 채색이 끝난 펜 선을 그린 레이어 위에 새 레이어를 추가합니다. ❷ [펠트펜](마커펜, 크기 5, 회색)으로 그림자를 조금 그립니다. 채색한 부분이 어색해 보입니다.

28 혼합 모드 변경하기 ❶ 그림자 레이어의 혼합 모드를 **[색료 혼합]**으로 변경합니다. 회색이 기존에 채색한 색상들과 자연스럽게 어울립니다. **❷** 색이 지나치게 진하게 보이면 **[불투명도]**를 60~70 사이로 조금 낮춥니다.

29 배너의 안쪽과 아래쪽을 회색으로 칠합니다. 색료 혼합 모드에서는 안쪽은 어두운 노란색이 되고 아래쪽은 회색으로 보입니다.

30 그릇과 팬케이크 가루 봉지 안쪽도 어둡게 칠합니다.

31 프라이팬 안쪽과 아래, 국자 아랫부분도 어둡게 합니다.

32 같은 방법으로 어두운 부분을 추가합니다.

33 버터와 팬케이크의 오른쪽, 사각 접시와 나이프 아래쪽에도 그림자를 만듭니다.

34 뺨, 목, 옷, 하트, 머리카락에 어두운 부분을 표현합니다. 머리카락은 검은색이 아니라 짙은 회색이므로 어두운 부분이 표현됩니다.

35 회색 한 가지만 이용해 진한 색상과 그림자를 추가했습니다. 색료 혼합 모드가 매우 편리하다는 것을 알았습니다.

STEP 5. 밝은 부분 그리기

36 조금 더 욕심을 내서 밝게 빛나는 부분을 추가해보겠습니다. 맨 위에 새 레이어를 추가합니다. **[펠트펜]**(표준, 크기 4, 흰색)으로 달걀, 그릇, 계량컵에 반짝이는 하이라이트를 표현합니다.

37 그릇과 팬케이크 가루 봉지에도 밝은 부분을 추가합니다.

38 프라이팬과 국자에도 빛나는 부분을 추가합니다.

39 마찬가지 방법으로 프라이팬 손잡이에만 빛나는 부분을 표현했습니다.

40 팬케이크 위쪽에 흰색을 추가하면 달콤한 설탕 파우더처럼 보입니다.

41 마지막으로 뺨, 하트, 머리카락, 포크 손잡이 등에도 하이라이트를 추가합니다.

42 **레이어 정리하여 완성하기** 모든 작업이 마무리되었습니다. 작업 단계가 많아 힘들게 느껴질 수 있지만 완성된 작품을 보니 뿌듯합니다.

일상에 적용하기

요리 방법을 비주얼씽킹으로 표현하면 다음과 같은 장점이 있습니다. 첫째, 직관적이고 빠른 이해를 도와 요리 과정이 지루하지 않습니다. 둘째, 요리하는 데 필요한 다섯 단계만 도출하여 요리 과정을 한눈에 볼 수 있습니다. 마지막으로 꼼꼼한 정보를 한 페이지에 담을 수 있어 간단한 안내문으로도 사용할 수 있습니다.

🎓 비주얼씽킹 전문가 NOTE   라인의 중요성

디지털 비주얼씽킹 작업 흐름은 보통 네 단계를 거칩니다.

레이아웃/밑그림 그리기 → 펜 선으로 그리기 → 채색하기 → 그림자/입체감 적용하기의 단계입니다. 특정 상황에서 이 모든 과정을 거치기 어렵다고 판단되면 한두 단계를 생략할 수도 있습니다. 그러나 뺄 수 없는 가장 중요한 단계는 '펜 선(라인) 그리기'입니다. 나머지 과정은 완성도를 높여주는 보조적인 역할입니다. 다시 말해, 나머지를 생략하고 '라인'만으로도 정보를 시각화할 수 있다는 것을 의미합니다. 시간적 여유가 있다면 이 네 가지 단계를 차근차근 연습하는 것을 추천합니다. 연습을 통해 여러분의 실력이 충분히 발전한 뒤에는 레이아웃/밑그림 단계를 건너뛰고 바로 펜 선(라인) 그리기부터 작업을 시작해봅니다.

Lesson

일기 : 나의 하루

일상 하루 시간

완성 파일 : Chapter 5\나의 하루.PSD

여러분의 하루는 어떻게 흘러가고 있나요? 지난 주말에는 어떤 일이 있었는지 기억할 수 있나요? 잘 기억나지 않는다면 하루 동안의 시간 흐름을 비주얼씽킹으로 기록해봅니다. 시간의 흐름은 화살표를 이용해 나타낼 수 있습니다. 3시간 강의를 위해 당일치기로 제주도에 다녀온 필자의 하루를 시간의 흐름에 따라 표현해보겠습니다.

🔍 미리 보기

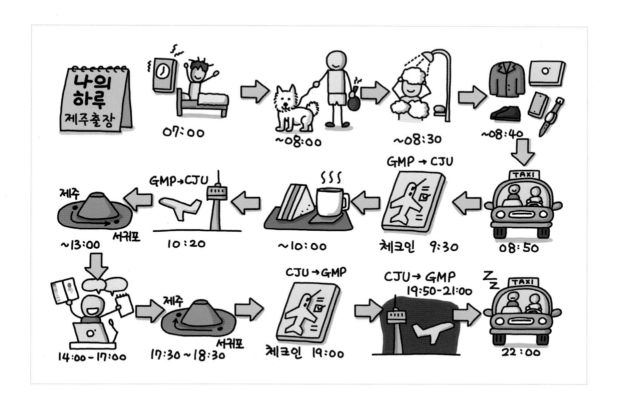

비주얼씽킹 시각화 단계 알아보기

STEP 1. 일정을 정리했다면 레이아웃을 나누고 밑그림을 그립니다.

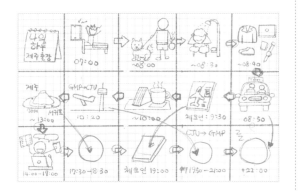

STEP 2. 밑그림 위에 검은색 라인(펜 선)으로 글과 그림을 간단하게 표현합니다.

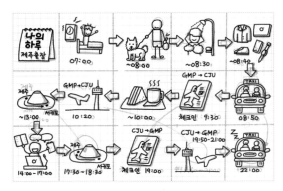

STEP 3. 채우기 기능을 이용해 채색합니다.

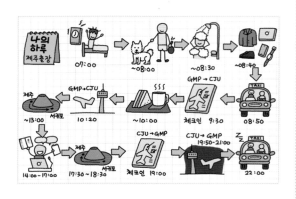

STEP 4. 회색 그림자를 추가하고 레이어 혼합 모드를 변경해 완성합니다.

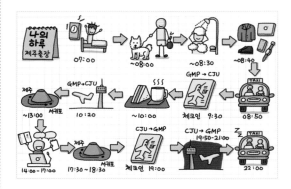

나의 하루 정리하기

아침 일찍 일어나 강아지와 산책을 하고 당일치기로 제주도 출장을 다녀온 날입니다. 하루를 시간대별로 정리해봤습니다. 시간에 따라 하루 동안 어떤 일이 있었는지 차근차근 기록합니다. 하루 일정이 14줄로 정리되었습니다. 제목을 포함해서 15칸을 이용하면 되겠습니다.

- 07:00 기상
- ~08:00 강아지 산책
- ~08:30 샤워
- ~08:40 외출 준비
- 08:50 집 → 공항

- 09:30 모바일 체크인
- 10:00 아침 식사(샌드위치와 커피)
- 10:20~11:30 김포 → 제주 비행
- ~13:00 제주시 → 서귀포시
- 14:00~17:00 강의(그림 수업)

- 17:30~18:30 서귀포시 → 제주시
- 19:00 모바일 체크인
- 19:50~21:00 제주 → 김포 비행
- 22:00 집 도착

STEP 1. 캔버스 만들고 밑그림 그리기

01 새 파일 만들기 3000×2000px 크기의 새 파일을 만듭니다.

02 그리드 레이어 준비하기 그리드 이미지를 불러와 새 레이어로 만듭니다.

TIP 드로잉 준비에 필요한 새 파일을 만들고 그리드 레이어를 준비하는 과정은 086쪽을 참고합니다.

03 레이아웃 나누기 ❶ 새 레이어를 추가합니다. ❷ [연필](크기 5, 파란색)로 가로세로 5×3칸을 그려 15칸을 만듭니다.

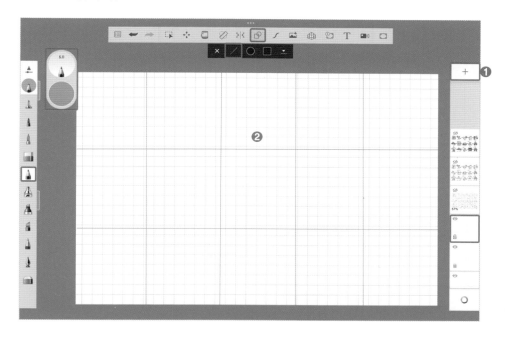

04 밑그림 그리기 ❶ 새 레이어를 추가하고 왼쪽 위에 달력 모양을 그리고 그 안에 제목을 씁니다. ❷ 기상, 강아지 산책, 샤워, 외출 준비를 표현합니다. 화살표로 시간의 흐름을 나타내고 간략하게 밑그림을 그립니다.

05 택시를 타고 공항으로 이동하는 모습, 스마트폰을 이용한 모바일 체크인, 아침 식사로 샌드위치와 커피를 그립니다.

06 김포공항(GMP)에서 제주공항(CJU)으로 비행, 제주시에서 서귀포시로 이동, 3시간 강의하는 모습을 그립니다. 서귀포시에서 제주시로 되돌아가는 것은 복사해서 사용합니다.

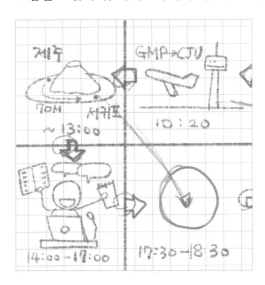

07 모바일 체크인, 제주공항에서 김포공항으로 비행, 집으로 돌아가는 택시는 모두 앞서 그린 것을 복사해서 사용합니다.

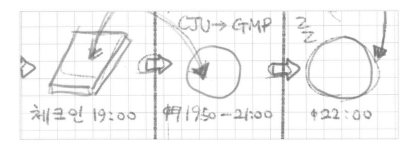

08 밑그림이 완성되었습니다. 마지막 네 칸은 앞서 그린 것을 복사해 붙여 넣겠다고 화살표로 표시해둔 것입니다.

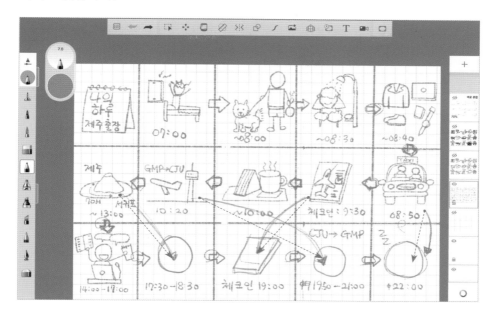

STEP 2. 펜 선 그리기

09 밑그림을 참고해서 펜 선(라인)을 그리는 단계입니다. ❶ 밑그림 레이어 위에 새 레이어를 추가합니다. ❷ **[펠트펜](표준, 크기 5, 검은색)**으로 화살표를 그립니다.

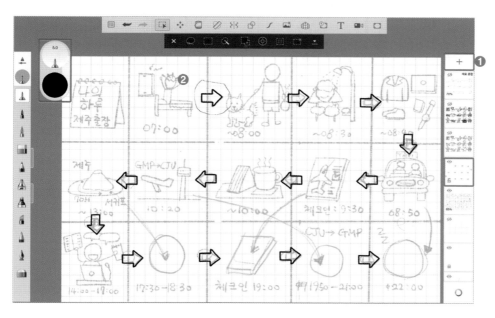

TIP 밑그림이 너무 진하면 레이어의 불투명도를 낮춰도 좋습니다.

이번 비주얼씽킹에는 시간의 흐름을 나타내는 화살표가 반복적으로 등장합니다. 매번 화살표를 그리지 않고, 한 개를 그린 후 복사 → 붙여넣기 → 회전하여 여러 곳에 사용하는 것이 효과적입니다. 화살표를 그린 후 올가미■로 화살표를 선택하고 레이어 메뉴의 [복사], [붙여넣기]를 이용해 쉽게 작업합니다. 화살표를 회전하는 방법은 116쪽을 참고합니다.

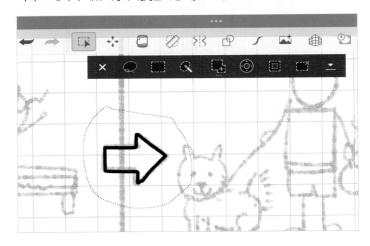

10 달력 모양 안에 또박 또박 제목을 적습니다. 침대 위에서 일어나는 모습, 강아지와 함께 산책하기, 샤워, 외출 준비를 밑그림을 참고하여 그립니다. 시간은 아래쪽에 적습니다.

11 택시를 타고 공항으로 이동하는 모습, 스마트폰을 이용한 모바일 체크인, 아침 식사인 샌드위치와 커피도 펜 선으로 그립니다.

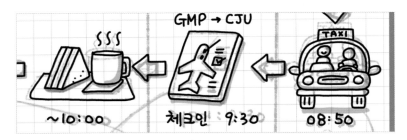

12 김포공항(GMP)에서 제주공항(CJU)으로 비행, 제주시에서 서귀포시로 이동, 3시간 동안 강의하는 모습도 밑그림을 따라 그립니다. 서귀포시에서 제주시로 이동하는 것은 앞서 그린 것을 복사한 후 화살표의 방향만 변경했습니다.

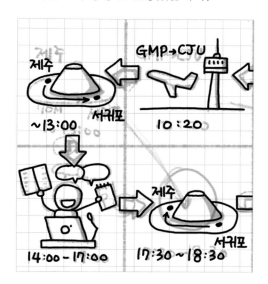

13 모바일 체크인, 제주공항에서 김포공항으로 비행, 집으로 돌아가는 택시는 모두 앞서 그린 것을 복사해서 사용했습니다. 화살표의 방향을 바꾸고 체크인 시간, 택시 안에서 조는 모습 등도 표현합니다.

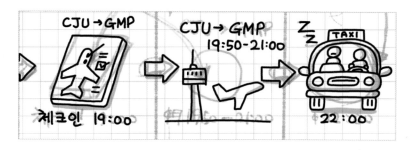

14 밑그림 위에 라인이 멋지게 완성되었습니다.

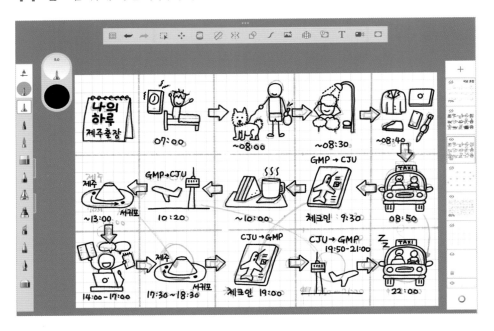

STEP 3. 채색하기

15 **밑그림 숨기기 ❶** 채색을 위해 밑그림 레이어를 숨깁니다. 완성된 펜 선의 모습만 보입니다. **❷** 채우기 ▢ 로 펜 선을 그린 레이어에 곧바로 채색합니다.

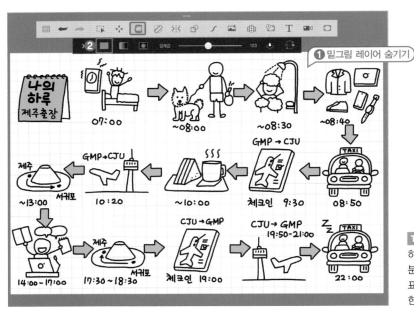

TIP 펜 선 레이어를 복제해서 사용하면 좋습니다. 동일한 색상을 가진 부분은 한 번에 채우면 편리합니다. 화살표는 같은 모양이 반복적으로 등장하니 한꺼번에 채색합니다.

16 **채색하기** 제목과 화살표는 하늘색으로 채우고 침대 위에서 일어나는 모습, 강아지와 함께 산책하기, 샤워, 외출 준비는 적당한 색으로 채색합니다.

17 마찬가지로 이미지에 어울리는 색을 선택해 채색합니다.

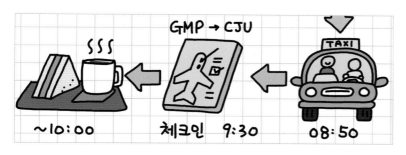

18 계속해서 적당한 색을 선택해 채색합니다.

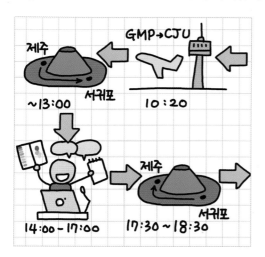

19 앞서 채색한 것과 동일하게 모바일 체크인, 제주공항에서 김포공항으로 비행, 집으로 돌아가는 택시를 채색합니다. 제주공항에서 김포공항으로 돌아가는 비행은 야간 비행이므로 **[펠트펜]**(표준, **검은색**)으로 선을 그리고 색을 채웁니다.

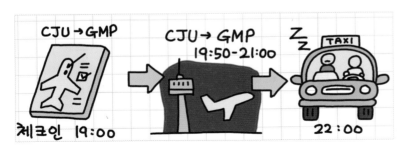

STEP 4. 그림자 그리기

20 ❶ 채색이 끝난 레이어 위에 새 레이어를 추가합니다. ❷ **[펠트펜]**(마커펜, **크기 5, 회색**)으로 그림자를 그립니다. ❸ 그림자 레이어의 혼합 모드를 **[색료 혼합]**으로 변경합니다.

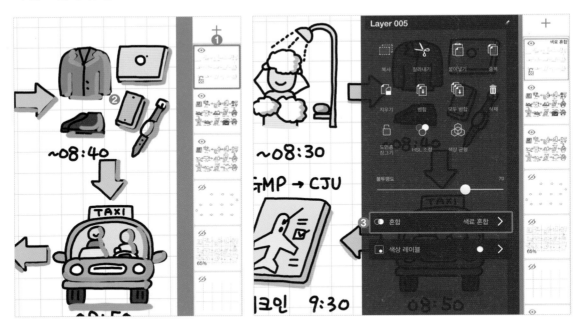

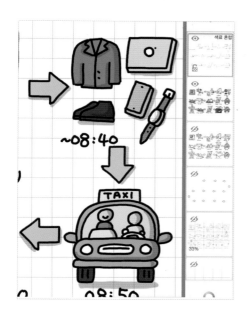

21 제목의 아래, 침대 아래, 강아지와 신발 아래, 샤워 거품, 옷, 신발, 시계 등에 그림자를 그립니다.

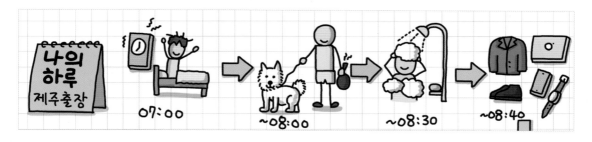

22 샌드위치, 커피, 스마트폰, 택시의 아래에도 그림자를 추가합니다.

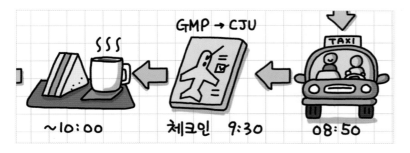

23 비행기, 관제탑, 산, 사람 등에도 그림자를 그립니다.

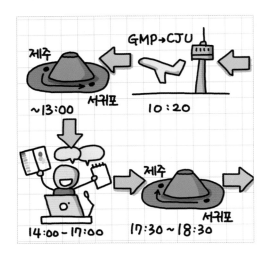

24 스마트폰, 관제탑, 비행기, 택시에도 그림자를 추가합니다.

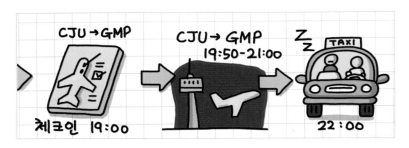

25 그림자를 모두 추가했습니다. 전체적으로 입체감이 잘 느껴집니다.

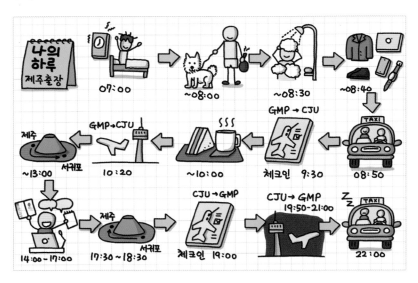

26 **레이어 정리하여 완성하기** 밑그림 레이어와 그리드 레이어를 숨기고 펜 선(라인) 레이어와 그림자 레이어만 보이도록 합니다. 완성된 모습입니다.

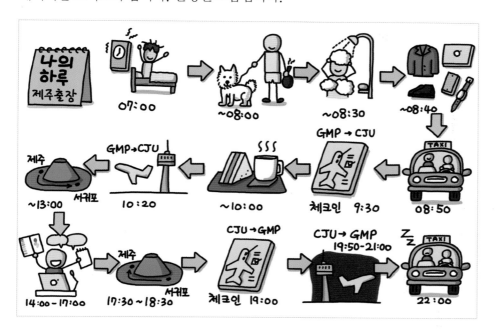

일상에 적용하기

평범한 일상을 표현하는 것도 좋지만, 여러분이 꿈꾸는 미래의 어느 날을 상상해서 표현해보는 것은 어떨까요? 열심히 상상하면 언젠가는 그날이 머지않아 현실이 될 수도 있답니다. 아래 비주얼씽킹 (완성 파일 : 나의 하루_미래의 어느날.psd)은 필자가 '하루 종일 신나게 놀고 싶은 미래의 어느 날' 을 상상해서 표현한 것입니다. 채색하지 않고 라인과 그림자만 그려도 멋진 작품이 됩니다.

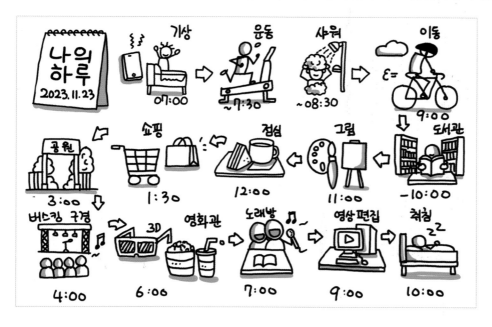

7

포스터 : 창의적인 사람이 되는 29가지 방법

완성 파일 : Chapter 5\창의적인 사람1.PSD~창의적인 사람2.PSD

인터넷 웹 서핑을 하다가 우연히 영문으로 된 '29 Ways to Stay Creative'라는 글을 발견했습니다. 한글로 번역하고 깔끔하게 편집해서 눈에 잘 보이는 곳에 붙여놓고 싶었습니다. 곧 비주얼씽킹으로 정리하였고 만족스러운 결과물을 만들었습니다. 이번에는 비주얼씽킹을 이용해 포스터를 만들고 PDF로 출력하는 과정까지 알아보겠습니다.

🔍 미리 보기

비주얼씽킹 시각화 단계 알아보기

STEP 1. 콘텐츠를 번역하고 레이아웃을 나눕니다.

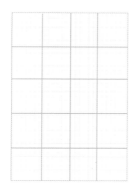

STEP 2. 검은색 라인(펜 선)으로 글과 그림을 간단하게 표현합니다.

STEP 3. 강조색(빨간색)을 추가하고 펜 선과 자연스럽게 어울리도록 혼합 모드를 변경합니다.

STEP 4. 흰색 배경과 회색 그림자를 추가합니다.

STEP 5. PDF 파일로 편집해 완성합니다.

콘텐츠 번역하기

비주얼씽킹으로 표현하기에 앞서 영어를 한국어로 번역합니다. '29 Ways to Stay Creative'의 원문과 번역문을 참고합니다.

Make lists	목록을 만드세요
Carry a notebook everywhere	노트를 항상 갖고 다니세요
Try free writing	자유롭게 써보세요
Get away from the computer	컴퓨터를 잠시 멀리하세요
Quit beating yourself up	자신을 다그치지 마세요
Take breaks	휴식을 가지세요
Sing in the shower	샤워하면서 노래를 불러보세요
Drink coffee	커피 한 잔을 즐기세요
Listen to new music	새로운 음악을 들어보세요
Be open	마음을 여세요
Surround yourself with creative people	창의적인 사람들과 함께하세요
Get feedback	피드백 받으세요
Collaborate	함께 힘을 모으세요
Don't give up	좌절 금지! 절대로 포기하지 마세요
Practice Practice Practice	연습! 연습! 연습!
Allow yourself to make mistakes	가끔 실수해도 괜찮아요
Go somewhere new	새로운 곳을 가보세요
Count your blessings	자신이 받은 축복을 세어보아요
Get lots of rest	충분히 긴 휴식을 가져보세요
Break the rules	규칙을 깨보아요
Take risks	새로운 도전을 해보세요
Don't force it	억지로 강요하지 마세요
Read a page of the dictionary	사전 한 페이지만 읽어보세요
Create a framework	구조적으로 접근하세요
Stop trying to be someone else's perfect	완벽을 추구하지는 마세요
Got an idea? Write it down	아이디어를 써보세요
Clean your workplace	청소의 힘을 느껴보세요
Have fun	인생 뭐 있나요? 그저 즐겁게!
Finish something	마무리하는 경험을 해보세요

STEP 1. 캔버스 만들고 레이아웃 나누기

01 <u>새 파일 만들기</u> 2000×3000px 크기의 새 파일을 만듭니다.

02 <u>그리드 레이어 준비하기</u> 그리드 이미지를 불러와 새 레이어로 만듭니다. 캔버스가 세로 형태이므로 그리드 이미지를 손가락으로 90° 회전합니다.

> **TIP** 드로잉 준비에 필요한 새 파일을 만들고 그리드 레이어를 준비하는 과정은 086쪽을 참고합니다.

03 <u>레이아웃 나누기</u> 새 레이어를 추가하고 가로세로 4×5칸을 그립니다. 캔버스 하나에 20개의 칸을 만들 수 있으니 29가지의 내용을 넣기 위해 복제합니다.

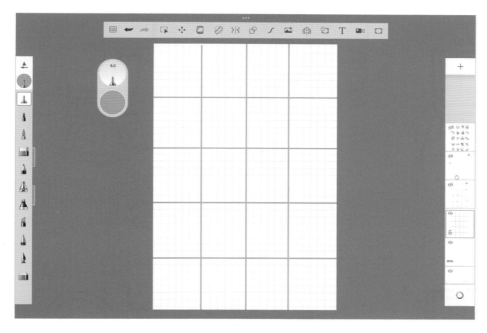

> **TIP** 곧은 선을 그리는 방법은 232쪽을 참고합니다.

STEP 2. 펜 선 그리기

04 [펠트펜](표준, 크기 5, 검은색)으로 번역문을 참고해 이미지를 그립니다.

> **TIP** 이번 **Lesson**에서는 밑그림 단계를 건너뛰고 펜 선 작업을 시작합니다. 만약 펜 선 작업을 바로 하는 게 힘들다면 파란색으로 밑그림을 그리고 천천히 따라 해봅니다.

05 목록을 만드세요

06 노트를 항상 갖고 다니세요

07 자유롭게 써보세요

08 컴퓨터를 잠시 멀리하세요

09 자신을 다그치지 마세요

10 휴식을 가지세요

11 샤워하면서 노래를 불러보세요

12 커피 한 잔을 즐기세요

13 새로운 음악을 들어보세요

14 마음을 여세요

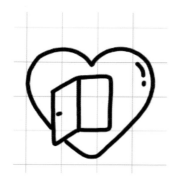

15 창의적인 사람들과 함께 하세요

16 피드백 받으세요

17 함께 힘을 모으세요

18 좌절 금지! 절대로 포기 하지 마세요

19 연습! 연습! 연습!

20 가끔 실수해도 괜찮아요

21 새로운 곳을 가보세요

22 자신이 받은 축복을 세어보 아요

23 충분히 긴 휴식을 가져보
세요

24 규칙을 깨보아요

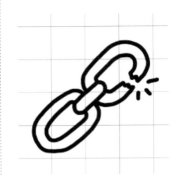

25 새로운 도전을 해보세요

26 억지로 강요하지 마세요

27 사전 한 페이지만 읽어보
세요

28 구조적으로 접근하세요

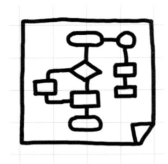

29 완벽을 추구하지는 마세요

30 아이디어를 써보세요

31 청소의 힘을 느껴보세요

32 인생 뭐 있나요? 그저 즐겁게!

33 마무리하는 경험을 해보세요

34 라인이 완성되었습니다.

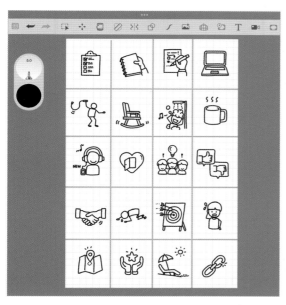

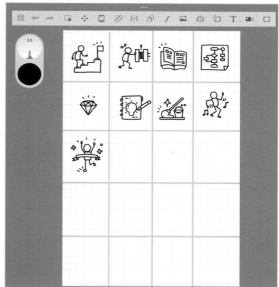

STEP 3. 강조색 추가하기

35 펜 선을 그린 레이어 아래에 새 레이어를 추가합니다. **[펠트펜](표준, 크기 16, 빨간색)**으로 굵은 라인을 그립니다. 빨간색은 부정적인 단어(금지)에 사용해 강조합니다.

STEP 4. 흰색 배경과 그림자 그리기

36 PDF 파일로 편집할 때 색이 있는 배경을 사용할 예정입니다. 따라서 이미지의 안쪽을 흰색으로 채우는 것이 좋습니다. ❶ 펜 선 레이어 아래에 새 레이어를 만듭니다. ❷ 흰색을 채웁니다. ❸ **[펠트펜](마커펜, 크기 6, 회색)**으로 그림자도 그립니다.

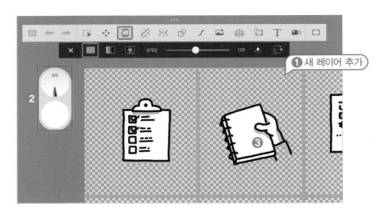

37 채우기 기능을 활용해 색을 채우고 저장합니다.

38 이제 포스터를 만들기 위한 29개의 비주얼씽킹 이미지가 준비되었습니다.

39 편집하여 완성하기 포스터로 출력하기 위해 편집 단계를 진행합니다. ❶ 어피니티 퍼블리셔
(Affinity Publisher)를 열어 **37** 과정에서 편집한 PSD 파일을 불러옵니다. ❷ 제목과 숫자를 입력해
완성합니다.

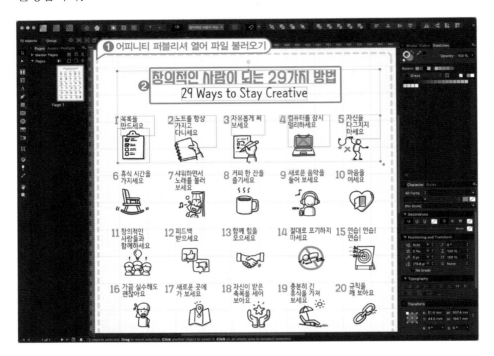

🎓 비주얼씽킹 전문가 NOTE　　　**출력을 위한 편집 진행**

Sketchbook에서 완성한 PSD 파일을 PDF로 만들 수 있는 여러 가지 편집 프로그램이 있습니다. 필자는 어피니티
퍼블리셔(Affinity Publisher)를 이용했습니다. MacOS, Windows를 모두 지원하고 저렴한 가격과 뛰어난 성능을
갖고 있습니다. 한번 사용해보는 것을 강력히 추천합니다.

· 홈페이지 **https://affinity.serif.com**

또한 편집을 위해 두 가지 무료 폰트인 양진체, 나눔바른펜을 사용했습니다. 무료로 사용할 수 있는 폰트는 눈누
(https://noonnu.cc)에서 찾을 수 있습니다.

양진체　　　　나눔바른펜

40 포스터가 완성되었습니다. 완성된 A1 사이즈의 PDF 파일은 구글 드라이브에 공유되어 있습니다.

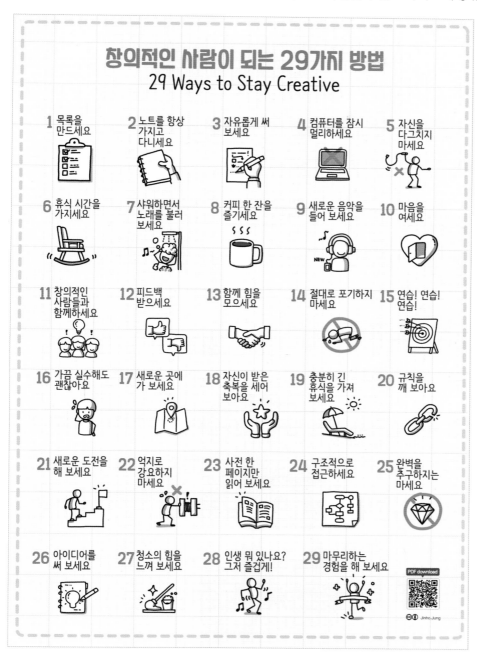

TIP PDF 파일을 확인하고 싶다면 오른쪽 QR코드를 스캔해 접속합니다. 구글 드라이브에서 해당 파일을 다운로드하여 참고합니다.

일상에 적용하기

이렇게 정성을 들여 만든 비주얼씽킹 작품을 이미지 파일로만 갖고 있는 것은 매우 아쉬운 일입니다. 집에 있는 프린터를 이용할 수도 있지만, A1 사이즈로 크게 출력해보면 어떨까요? 다양한 인터넷 출력 서비스가 있는데, 필자는 오프린트미(https://www.ohprint.me)를 추천합니다. 웹 브라우저에서 간단하게 파일을 업로드하는 것만으로도 멋진 출력물을 받아볼 수 있습니다.

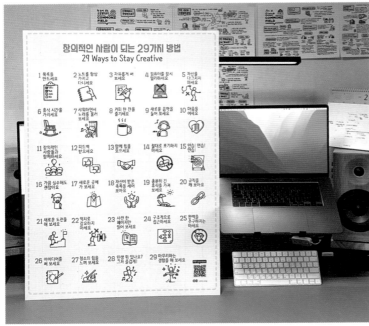

필자의 작품으로 만든 A1 사이즈 포스터 포트폴리오

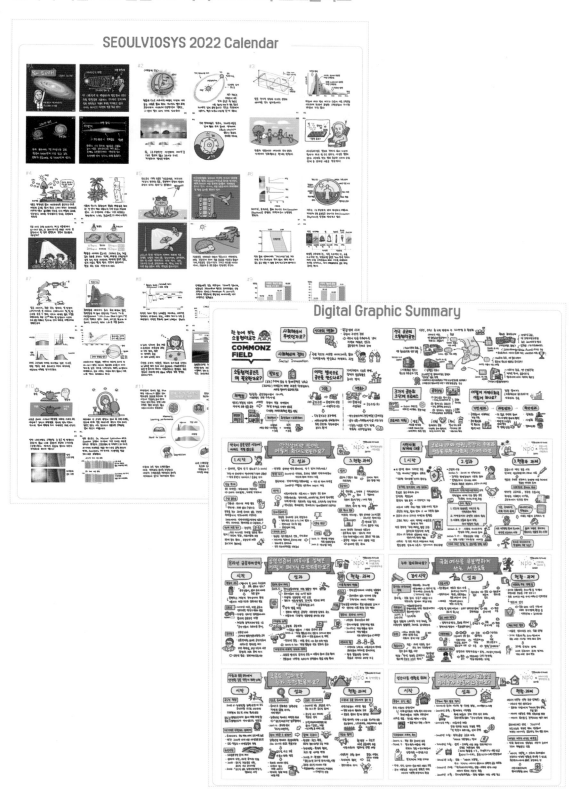

업무에
활용하기

이제 여러분은 Sketchbook의 특징을 이해하고 디지털 비주얼씽킹 작업 과정에 대해 감을 잡았을 것입니다. 앞서 일상의 적용하기를 통해 기본적인 기능을 익힌 후라면 난이도를 조금 높여 실제 업무에서 사용할 수 있는 작품에 도전해보는 것도 좋습니다. 무조건 복잡하고 멋진 것보다는 단순하고 쉬운 작업을 꾸준하게 하는 것이 여러분의 실력 향상에 더 큰 도움이 될 것입니다.

Lesson

1

정보 구조

여러 가지 다양한 정보들을 동시에 표현하기 위해서는 적당한 시각적, 논리적 구조를 만드는 것이 필요합니다. 여기서는 복잡한 정보들을 이해하기 쉽고 보기 좋게 표현할 수 있는 몇 가지 정보 구조를 소개합니다.

─ 타임라인 ─

시간의 축을 기준으로 정보를 나타내는 방법입니다. 가장 큰 부분을 차지하는 것은 시간을 나타내는 중앙의 화살표입니다. 중앙에 시간을 나타내는 화살표를 그리고 화살표의 위아래에 중요한 정보를 기록합니다. 시간순으로 정보를 표현하는 경우에 많이 사용됩니다.

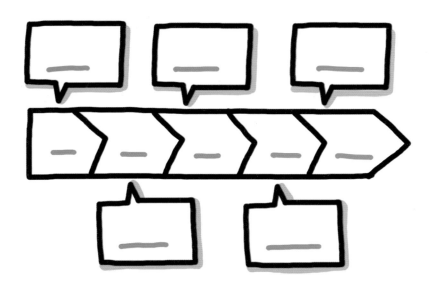

– 마인드맵 –

복잡한 정보를 구조적으로 표현하는 가장 훌륭한 방법입니다. 정보를 그룹화 · 계층화할 수 있습니다. 먼저 중앙에 주제를 나타내는 중심 이미지를 그리고 나뭇가지 모양으로 정보를 세분화해서 표현합니다. 마인드맵 구조는 다양한 분야에 활용됩니다.

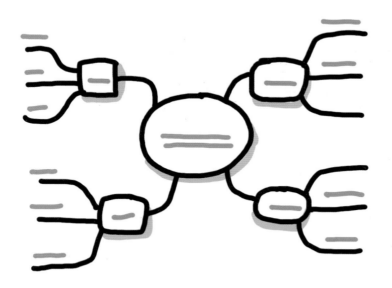

– 로드맵 –

특정 사건이나 이벤트가 순차적으로 발생하며 순서가 중요할 때 사용하는 형식입니다. 타임라인과 달리 중앙에 시간 축이 없고, 화살표를 이용해 각각의 사건이 이어지는 형태입니다. 하루 일정, 여행지 이동 등에 사용할 수 있습니다.

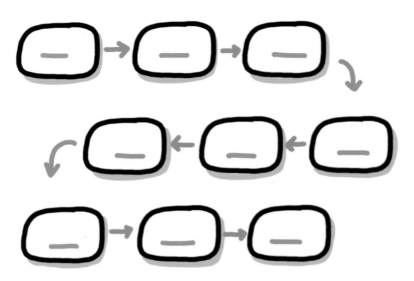

─ 패널 토의 ─

여러 명의 패널이 등장해 함께 이야기하는 경우를 생각해봅니다. 자신의 발언을 표현할 수 있는 공간을 할당해서 의견을 적으면 좋습니다. 각자의 레인에서 경기를 펼치는 수영과 비슷하다고 해서 이런 형태의 구조를 스윔 레인 다이어그램으로 부르기도 합니다. 서로의 이야기를 구분할 수 있도록 세로 줄을 그리거나 영역을 나누어서 표현합니다.

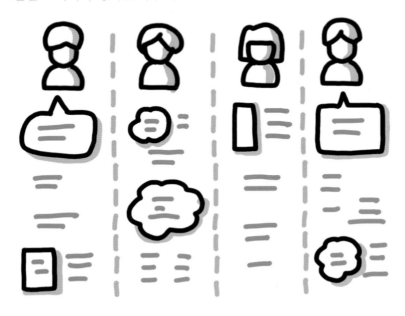

─ 모듈 ─

각각의 단위 모듈이 서로 관계를 맺고 정보를 주고받는 형식입니다. 이때 개별 모듈 부서, 담당자 등으로 표현할 수 있습니다.

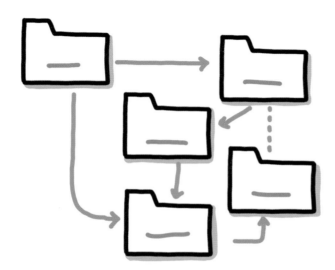

– 순서형 –

번호를 부여하는 것이 특징입니다. 사람들은 본능적으로 번호 순서대로 정보를 따라갑니다. 오랜 시간 동안 습득되어 있는 습관 같은 것입니다. 따라서 화면상의 위치가 떨어져 있어도 정보를 순서대로 보여주고자 한다면 번호를 넣으면 간단히 해결됩니다.

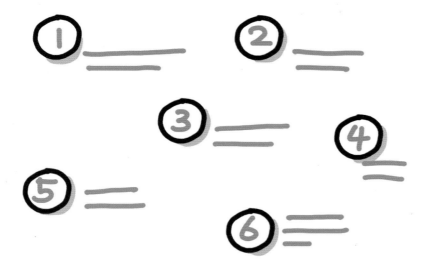

Lesson
2

초상화 그리기

초상화 얼굴 트레이싱

완성 파일 : Chapter 6\초상화.PSD

현장에서 강의 내용을 실시간으로 정리하는 작업을 그래픽 리코딩이라고 합니다. 꼭 실시간이 아니더라도 유튜브의 수많은 명강의를 듣고 정리해보는 것도 좋습니다. 강의를 정리할 때는 강사의 얼굴을 넣으면 전달 효과가 좋습니다. 최근에 필자는 주로 디지털 태블릿을 이용해 그래픽 리코딩 작업을 진행합니다. 디지털 트레이싱 기술을 이용해 간단하게 초상화 그리는 방법을 소개하겠습니다.

🔍 미리 보기

초상화 제작 단계 알아보기

STEP 1. 초상화 트레이싱을 위한 사진을 불러와 검은색 라인(펜 선)으로 얼굴의 형태를 표현합니다.

STEP 2. 채우기 기능으로 채색합니다.

STEP 3. 회색 그림자를 넣습니다.

STEP 4. 밝게 빛나는 하이라이트 부분을 추가합니다.

> **TIP** 초상화 트레이싱을 위한 사진을 불러올 때는 몸 전체가 나온 것보다는 얼굴 위주로 나온 사진이 좋습니다. 흑백 사진도 가능합니다. 정면보다 살짝 측면을 바라보는 사진이 코를 그리기가 쉽습니다. 이미지 불러오기 기능으로 사진을 가져오고 [불투명도]를 50% 정도로 낮추면 라인 그리기가 편합니다. 트레이싱 작업을 할 예정이므로 해상도가 낮아도 문제되지 않습니다.

강의에 앞서 홈페이지의 공지사항을 참고해 발표자의 이미지 파일을 미리 다운로드한 후 얼굴을 그려놓습니다. 강의나 발표가 시작되면 그려둔 얼굴을 불러와 작업을 시작합니다. 다음은 필자가 진행한 다양한 그래픽 리코딩에서 인물을 그린 작업물입니다.

30명 이상의 발표자가 등장하는 큰 행사의 경우, 얼굴을 그리는 시간만 꼬박 하루가 걸리기도 합니다.

STEP 1. 라인 트레이싱

01 새 파일 만들기 2500×2500px 크기의 새 파일을 만듭니다.

02 그리드 레이어 준비하기 그리드 이미지를 불러와 새 레이어로 만듭니다.

TIP 드로잉 준비에 필요한 새 파일을 만들고 그리드 레이어를 준비하는 과정은 086쪽을 참고합니다.

03 사진 불러오기 이미지 불러오기로 초상화를 그릴 사진을 불러오고 [불투명도]를 50%로 설정합니다.

04 펜 선 그리기 사진 위에 새 레이어를 추가하고 얼굴 형태를 따라 그리는 트레이싱을 시작합니다. [펠트펜](표준, 크기 11, 검은색)으로 펜 선을 그립니다. 너무 가는 선을 사용하는 것보다는 적당히 굵은 선을 사용한 초상화가 더욱 멋있게 보입니다. 머리카락은 이어서 그리지 않고 짧은 선을 끊어서 그리는 것이 자연스럽습니다.

TIP 채색은 별도의 레이어를 만들어서 작업할 예정이므로 모든 선을 막혀 있게 그리지 않아도 됩니다.

05 눈동자 그리기 눈동자는 흰색으로 밝은 부분을 표현합니다. 똘망똘망한 느낌이 살아납니다.

STEP 2. 채색하기

06 ❶ 펜 선을 그린 레이어 아래에 새 레이어를 추가하고 **❷ [펠트펜](표준, 크기 11, 고동색)**으로 앞서 그린 펜 선 레이어를 참고해서 채색을 위한 막힌 영역을 그립니다. 채색 레이어를 확인하기 위해 펜 선 레이어를 숨기면 다음과 같은 모양을 확인할 수 있습니다.

07 채색하기 채우기 기능으로 머리에 색을 채웁니다.

TIP 채우기 기능에 대한 설명은 이 책의 092쪽을 참고합니다.

08 같은 방법으로 얼굴, 옷 등을 채색합니다.

09 펜 선 레이어와 채색 레이어를 모두 켜면 그럴듯한 모습이 됩니다.

STEP 3. 그림자 그리기

10 ❶ 펜 선 레이어와 채색 레이어 사이에 새 레이어를 추가하고 회색 그림자를 그립니다. ❷ **[펠트 펜](마커펜, 크기 10, 회색)**으로 이마와 머리카락이 만나는 부분, 어깨 뒤, 턱 아래 등 어두운 부분에 그림자를 그립니다. 펜 선 레이어와 그림자 레이어만 보이게 하면 다음과 같습니다.

11 **혼합 모드 적용하기** 아래에 있는 채색 레이어와 그림자가 잘 어울리도록 레이어의 혼합 모드를 변경하겠습니다. ❶ 그림자 레이어를 선택하고 ❷ 혼합 모드를 **[색료 혼합]**으로 변경합니다. ❸ **[불투명도]**를 50%로 설정하면 자연스럽게 어울립니다.

TIP [일반]으로 표시된 혼합 모드를 [색료 혼합]으로 변경합니다. 왼쪽 상단에 있는 뒤로 가기◀를 터치하면 혼합 모드가 적용됩니다. 혼합 모드를 변경하면 레이어 섬네일 오른쪽 상단에 '색료 혼합' 문구가 표시됩니다.

12 색료 혼합이 적용된 그림입니다. 아래의 채색 레이어와 자연스럽게 어울립니다.

STEP 4. 하이라이트 그리기

13 마지막으로 밝게 빛나는 부분을 그립니다. ❶ 새 레이어를 추가하고 맨 위에 배치합니다. ❷
[펠트펜](표준, 크기 11, 흰색)으로 콧잔등이나 안경 렌즈 등을 밝게 표현합니다.

14 **레이어 정리하여 완성하기** 간단하게 표현했지만 꽤 근사해 보여 마음에 듭니다.

일상에 적용하기

지금까지 소개한 트레이싱 방법은 사람뿐만 아니라 동물을 그릴 때도 활용할 수 있습니다. 사진만 있으면 무엇이든 따라 그릴 수 있습니다. 다음은 필자가 그린 반려견입니다. 여러분도 이 방법을 이용해 본인의 초상화와 가족, 친구, 반려동물을 그려보기 바랍니다.

Lesson 3

세바시 연사 십계명

연사 │ 세바시 │ PDF 출력

완성 파일 : Chapter 6\세바시 연사 십계명.PSD

〈세상을 바꾸는 시간 15분(세바시)〉은 CBS에서 방송되는 한국형 미니 프레젠테이션 프로그램입니다. 2011년 5월에 세바시 첫 강연회가 시작되었습니다. 정말 멋진 15분의 강연 프로그램이며 특히 유튜브는 무려 150만 명 이상의 구독자를 보유하고 있습니다. 세바시에 출연하는 연사들은 출연하기 전에 프레젠테이션에 도움이 되는 가이드를 제공받습니다. 이 가이드 내용을 참고해서 연습하면 좀 더 양질의 발표를 할 수 있습니다. 이 가이드에 비주얼씽킹 이미지를 추가하고 편집해서 한 장의 문서로 만들어보겠습니다.

🔍 미리 보기

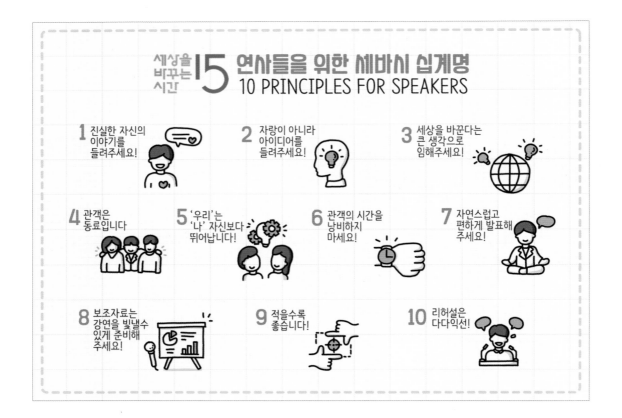

비주얼씽킹 시각화 단계 알아보기

STEP 1. 가이드의 내용을 넣기 위해 레이아웃을 나눕니다.

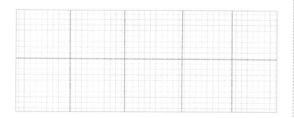

STEP 2. 밑그림을 간단히 그립니다.

STEP 3. 검은색 라인(펜 선)으로 글과 그림을 간단하게 표현합니다.

STEP 4. 한 가지 색상으로 중요한 부분만 채색합니다.

STEP 5. 회색 그림자를 추가하고 레이어 혼합 모드를 변경합니다.

STEP 6. 편집 프로그램을 이용해 한 장의 PDF 파일로 편집합니다.

세바시 가이드

세바시 발표자를 위한 십계명은 다음과 같습니다.

진실한 자신의 이야기를 들려주세요!

- 관객은 남의 이야기보다 자신의 숙제를 풀어가며 경계를 뛰어넘은 사람들의 이야기에 더 감동합니다.

자랑이 아니라 아이디어를 들려주세요!

- 관객은 연사가 얼마나 잘난 사람인지를 보려고 오는 게 아니라 연사의 도전 속에서 빛나는 아이디어를 찾으려고 옵니다.

세상을 바꾼다는 큰 생각으로 임해주세요!

- 연사의 강연 하나가 누군가의 인생을 바꿀 수도 있습니다. 관객의 삶에 영향을 미치고 세상을 변화시키는 작품이 된다는 큰 생각으로 임해주세요.

관객은 동료입니다

- 관객과 시청자는 여러분의 여정을 응원하고, 나아가 함께 여정을 시작하고자 하는 동료입니다. 관객과 적극적으로 교감해주시고, 스크린이 아닌 관객을 향해서 이야기를 풀어가주세요.

'우리'는 '나' 자신보다 뛰어납니다!

- 멋진 강연을 만드는 데 주변의 도움을 적극적으로 활용하세요. 전문가, 책, 다른 강연, 지인을 적극적으로 활용하세요. 세바시 제작진도 연사를 적극적으로 도울 준비가 되어 있습니다.

관객의 시간을 낭비하지 마세요!

- 하나의 아이디어에 온전히 집중할 수 있을 만큼만 강연을 준비해주세요. 시간이 길어질수록 다른 연사님과 관객에게 부담을 줄 수 있습니다.

자연스럽고 편하게 발표해주세요!

- 강연할 내용을 스크립트 형태로 쓴 다음, 여러 번 충분히 읽으며 숙지하는 것이 최선의 방법입니다. 외운다는 것이 아니라 익숙해지는 것이 중요합니다.

보조 자료는 강연을 빛낼 수 있게 준비해주세요!

- 단순하고 강렬한 인상을 남길 수 있는 형태로 보조 자료를 준비해주세요. 프레젠테이션의 경우 여러 내용을 한 화면에 담지 말고, 한 화면에 하나씩만 담길 수 있도록 해주세요.

적을수록 좋습니다!

- 연사의 강연이 더욱 빛날 수 있도록 형식적인 도입이나 군더더기 사설은 자제해주세요.

리허설은 다다익선!

- 강연의 고수들도 15분이라는 시간 앞에서는 고전을 면치 못한답니다. 자신이 전하려는 메시지가 얼마나 분명하게 전달될 수 있는지 스스로를 점검해보는 시간을 꼭 가지세요. 세바시 무대에서의 리허설은 필수입니다.

▲ 세바시 유튜브(출처 : https://www.youtube.com/c/cbs15min)

· 웹 사이트 http://www.cbs.co.kr/tv/pgm/cbs15min

· 유튜브 https://www.youtube.com/c/cbs15min

STEP 1. 캔버스 만들고 레이아웃 나누기

01 <u>**새 파일 만들기**</u> 4000×1600px 크기의 새 파일을 만듭니다.

02 <u>**그리드 레이어 준비하기**</u> 그리드 이미지를 불러와 새 레이어로 만듭니다.

TIP 드로잉 준비에 필요한 새 파일을 만들고 그리드 레이어를 준비하는 과정은 086쪽을 참고합니다.

03 <u>**레이아웃 나누기**</u> 새 레이어를 추가하고 [연필](크기 8, 파란색)로 가로세로 5×2칸을 그립니다.

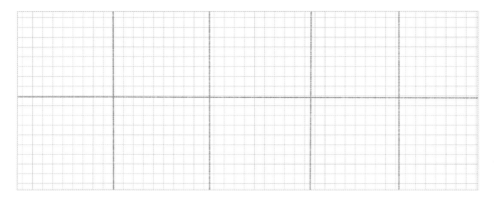

STEP 2. 밑그림 그리기

04 <u>**진실한 자신의 이야기를 들려주세요!**</u> [연필](크기 8, 파란색)로 십계명을 씁니다. 마음속의 진솔한 이야기를 하트로 표현했습니다.

05 **자랑이 아니라 아이디어를 들려주세요!** 머릿속에 전구가 반짝이는 모습으로 아이디어를 나타냈습니다.

06 **세상을 바꾼다는 큰 생각으로 임해주세요!** 지구 주변에 반짝이는 전구를 배치했습니다.

07 **관객은 동료입니다** 발표자 양쪽에 동료를 그리고 어깨에 손을 얹었습니다.

08 **'우리'는 '나' 자신보다 뛰어납니다!** 두 사람이 함께 아이디어를 내는 모습입니다.

09 **관객의 시간을 낭비하지 마세요!** 손목시계를 통해 시간을 지키는 것을 강조했습니다.

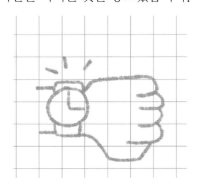

10 **자연스럽고 편하게 발표해주세요!** 마치 명상하는 듯 차분한 모습을 그렸습니다.

11 **보조 자료는 강연을 빛낼 수 있게 준비해주세요!**
발표자용 슬라이드와 마이크를 표현했습니다.

12 **적을수록 좋습니다!** 양손을 이용해서 이야기
의 포커스에 집중하는 모습입니다.

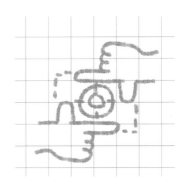

13 **리허설은 다다익선!** 두 개의 말풍선과 땀방
울을 이용해 리허설을 표현합니다.

STEP 3. 펜 선 그리기

14 밑그림 레이어 위에 새 레이어를 추가합니다. **[펠트펜](표준, 크기 5, 검은색)**으로 밑그림을 참고
해 간략하게 그립니다.

15 펜 선으로 표현한 세바시 연사 가이드 십계명입니다.

STEP 4. 채색하기

16 채우기 기능으로 펜 선을 그린 레이어에 직접 채색합니다. 회색으로 머리카락 부분을 채색하고 오렌지 색으로 중요한 부분을 강조합니다. 강조색은 선호하는 색을 사용해도 좋습니다. 오렌지색 한 가지만 사용해도 충분히 효과적인 강조를 표현할 수 있습니다. 네 번째 이미지 양쪽의 짧은 선은 [펠트펜]을 사용했습니다.

17 펜 선을 그린 레이어 위에 새 레이어를 추가하고 회색 그림자를 추가합니다. 레이어가 맨 위에 있어 라인을 가리게 됩니다.

18 혼합 모드 적용하기 아래쪽의 채색 레이어와 자연스럽게 어울리도록 레이어 혼합 모드를 변경합니다. ❶ 맨 위에 위치한 그림자 레이어를 선택하고 ❷ 혼합 모드를 [선형 번]으로 변경합니다. ❸ 너무 진하게 느껴지면 [불투명도]를 50%로 설정합니다.

19 십계명을 만들기 위한 열 개의 비주얼씽킹 이미지가 준비되었습니다.

STEP 6. PDF 편집하기

20 **편집하여 완성하기** 열 개의 이미지를 잘라서 A4 크기의 PDF 파일로 편집합니다. 여기서는 어피니티 퍼블리셔(Affinity Publisher)에서 편집한 포토샵 파일을 불러와 PDF로 편집합니다. 워드, 파워포인트, 포토샵 등 여러분에게 익숙한 프로그램을 사용해도 좋습니다.

TIP 어피니티 퍼블리셔에 대한 자세한 설명은 이 책의 302쪽을 참고합니다. 폰트는 양진체와 나눔바른펜을 사용했습니다.

21 드디어 세바시 강연자를 위한 십계명 가이드가 완성되었습니다.

TIP PDF 파일을 확인하고 싶다면 오른쪽 QR코드를 스캔해 접속합니다. 구글 드라이브에서 해당 파일을 다운로드하여 참고합니다.

일상에 적용하기

일상에서 적당한 내용을 찾아서 세상에 하나뿐인 가이드를 직접 만들어봅니다. 긴 글을 읽는 것보다는 짧은 글과 간단한 그림이 훨씬 전달력이 좋습니다. PDF 파일을 만들기 위해 전문 편집 프로그램을 사용하기가 힘들다면 워드, 한글, 파워포인트 등 익숙한 프로그램을 사용해 도전합니다. 대부분의 응용 프로그램은 PDF 파일로 저장하는 기능을 제공하고 있습니다.

사내 복지제도 소개

공지 복지제도 안내

완성 파일 : Chapter 6\투게더두개더.PSD

코로나19가 한창 기승을 부리던 2020년 중반, 직원을 소중하게 생각하는 기업 한화에어로스페이스는 멋진 복지 제도를 만들었습니다. 바로 '투게더두개더'입니다. 온 가족이 함께 안전한 집에 머물며 독서를 장려하는 프로그램입니다. 이 프로그램 소개 내용을 비주얼씽킹으로 표현해보겠습니다.

🔍 미리 보기

비주얼씽킹 시각화 단계 알아보기

STEP 1. 안내할 내용을 읽어보고 밑그림을 그립니다.

STEP 2. 검은색 라인(펜 선)으로 글과 그림을 간단하게 표현합니다.

STEP 3. 채우기 기능으로 채색한 후 그림자를 추가합니다.

안내할 내용 준비하기

가족과 함께하는 독서 여행 투게더, 두개 더

- Together, 1+2
- 책 1권을 사면? 가족을 위해 책 2권을 지원

목적

- 사회적 거리두기가 일상이 된 코로나 시대, 가족과 함께 책 속으로 여행을 떠나보아요!

지원 불가

- 어학, 스포츠, 재테크, 업무 무관 자격증 도서

개요

- 대상 : OO, OO, 사업장 생산직군
- 인원 : OOO 명
- 기간 : '20년 OO월 O일 ~ OO월 O일
- 금액 : 권당 최대 O 만원

방법

- 서클 게시판 댓글로 신청(인원 초과 시 추첨) 원하는 책 선정 → 과제 수행 → 이수 점수 획득

STEP 1. 캔버스 만들고 밑그림 그리기

01 <u>**새 파일 만들기**</u> 3840×2160px(4K, UHD) 크기의 새 파일을 만듭니다.

02 <u>**그리드 레이어 준비하기**</u> 그리드 이미지를 불러와 새 레이어로 만듭니다.

> **TIP** 드로잉 준비에 필요한 새 파일을 만들고 그리드 레이어를 준비하는 과정은 086쪽을 참고합니다.

03 <u>**밑그림 그리기**</u> 새 레이어를 추가하고 **[연필](크기 10, 파란색)**로 밑그림을 그립니다. 중앙에 배너와 제목, 가족을 그린 후 목적, 개요, 방법 등을 그릴 영역을 표시합니다.

STEP 2. 펜 선 그리기

04 밑그림 레이어 위에 새 레이어를 추가합니다. **[펠트펜](표준, 크기 6, 검은색)**으로 가볍게 라인을 그립니다. 배너와 제목, 책을 그립니다.

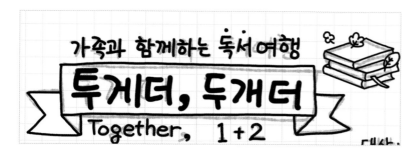

05 제목 아래에 함께 독서하는 가족을 그립니다. 이 제도의 핵심인 **책 1권을 사면? 가족을 위해 책 2권을 지원**도 씁니다.

06 캔버스 왼쪽에는 목적을 적습니다. 아래에는 집 안에서 책을 읽는 가족을 그렸습니다.

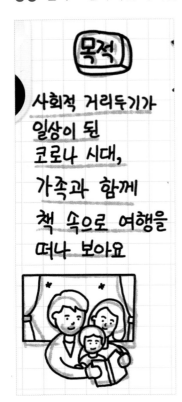

07 오른쪽에는 개요(대상, 인원, 기간, 금액)를 쓰고 아래에는 지원 불가 도서를 적습니다.

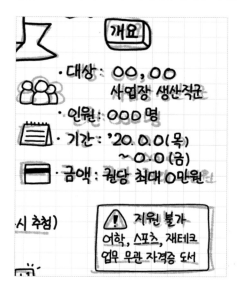

08 마지막으로 신청 방법을 적습니다.

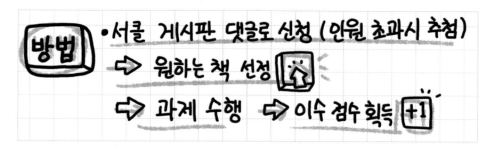

09 밑그림 레이어를 숨기고 라인을 확인합니다.

10 펜 선을 그린 레이어에 채우기 기능으로 간단하게 채색합니다. [펠트펜](표준, 크기 6)을 사용해 제목을 나타내는 배너 안쪽은 주황색으로 채색하고, 제목은 눈에 잘 띄도록 흰색으로 채웁니다. [펠트펜](표준, 크기 8, 회색)으로 제목 배너, 목적, 개요, 방법 아래에 그림자를 그립니다.

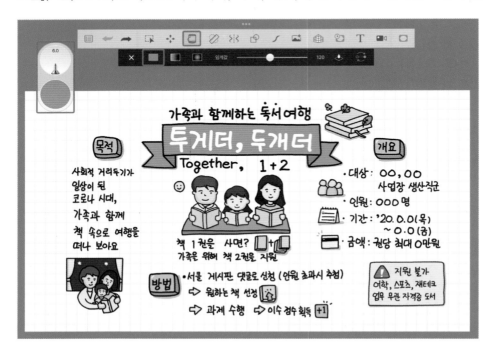

11 목적, 개요, 방법은 좀 더 잘 보이도록 채색 레이어 아래에 새 레이어를 추가한 후 하늘색 상자를 만들었습니다.

12 <u>레이어 정리하여 완성하기</u> 정성껏 준비한 제도를 딱딱한 글로 설명하는 것보다 비주얼씽킹을 이용해 안내하면 한눈에 보기도 쉽고 전달 방식이 부드러워집니다. 좋은 제도를 만드는 것뿐만 아니라 그것을 친절하게 안내하는 것도 담당자가 해야 할 중요한 역할입니다.

일상에 적용하기

만약 여러분이 만든 프로그램이나 행사가 있다면 비주얼씽킹을 이용해 사람들에게 좀 더 친근하게 알려주는 것은 어떨까요? 모든 것을 다 담기보다는 가장 중요한 핵심만을 간략하게 표현하는 것이 좋습니다. 잘 그리지 못해도 손으로 쓰고 그린 글과 그림은 그것을 보는 사람들의 마음을 따뜻하게 해줄 것입니다.

유튜브 동영상 정리하기 :
효과적 학습 방법 13

유튜브 **학습 방법** **동영상 요약**

완성 파일 : Chapter 6\효과적 학습 방법.PSD

유튜브에서 짧고 유익한 동영상을 찾아 시청한 후 그 내용을 비주얼씽킹으로 정리해보겠습니다. 레이아웃은 번호를 부여하는 순서형을 사용하고 채색은 한 가지 하이라이트 색상만 이용해 빠르고 단순하게 작업하는 것이 목표입니다.

🔍 미리 보기

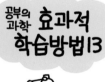

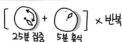

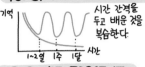

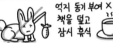

비주얼씽킹 시각화 단계 알아보기

STEP 1. 레이아웃을 나누고 전체적인 내용을 담은 밑그림을 그립니다.

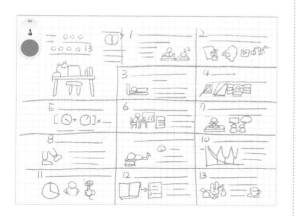

STEP 2. 검은색 라인(펜 선)으로 글과 그림을 간단하게 표현합니다.

STEP 3. 회색 그림자를 추가합니다.

STEP 4. 하이라이트를 추가해 완성합니다.

동영상 보고 내용 간단하게 정리하기

먼저 동영상을 보고 주요 내용을 요약합니다. 한 번에 정리하기가 힘들다면 여러 번 보는 것도 좋습니다. 번호를 사용하는 순서형의 구조를 가진 적당한 동영상을 찾아보았습니다. 동영상은 〈효과적 학습 방법 13(13 Study Tips : The Science of Better Learning)〉으로 재생 시간은 5분 22초입니다.

▲ 효과적 학습 방법 13 동영상

▲ 효과적 학습 방법 13 동영상
접속 QR코드

먼저 동영상을 가벼운 마음으로 시청합니다. 한 번 더 보면서 주요 단어를 기록합니다. 5분이 조금 넘는 짧은 동영상이지만 계속해서 설명이 나와 받아 적기가 어렵습니다. 동영상을 보면서 중요하다고 생각하는 단어 위주로 기록합니다. 필자가 요약한 내용은 다음과 같습니다. 다시 강조하지만 모든 내용을 기록하는 것이 아니고 중요하다고 생각하는 부분을 적습니다.

공부의 과학 : 효과적 학습 방법 13

13 Study Tips : The Science of Better Learning

0. 인간의 뇌
- 2.5 Petabyte
- 유튜브 동영상 300만 시간

1. SPACED REPETITION
- 자주 짧게 공부해요.
- 중간에 잠을 자면 이해력과 기억력이 증가해요.

2. FIND YOUR OWN STYLE
- 자신만의 공부 스타일을 찾아요.

3. GOOD NIGHT SLEEP

- 잠을 푹 자요.

- 하버드대 연구 결과 전날 공부하고 푹 잔 학생들의 성적이 35% 높아요.

4. FOCUS

- 스마트폰, 태블릿 모두 끄고 도서관으로!

5. POMODORO

- [25분 집중+5분 휴식] x 반복

6. HARD STUFF FIRST

- 어려운 것은 아침에 해요.

- 힘든 것을 먼저 끝내면 나머지는 쉬워요.

7. EXERCISE, MEDITATE, CONVERSE

- 명상하기 + 대화하기

8. GO PLACE

- 새로운 곳으로 가세요.

- 장소에 변화를 주면 기억력이 40% 증가해요.

9. TAKE FUN SERIOUSLY

- 긍정적 감정 상태가 학습 능력 향상에 중요해요.

10. SPACE YOUR STUDY

- 시간 간격을 두고 배운 것을 복습 1~2일, 1주, 1달

11. 30% READ vs 70% RECITE

- 20분 읽고, 40분은 연습해요.

12. INSTANT SELF-TEST

- 방금 공부한 것을 짧게 요약해서 테스트하면 기억력이 30% 향상돼요.

13. DON'T FORCE IT

- 억지로 동기 부여하는 것은 금물

- 책을 덮고 잠시 휴식하는 것도 좋아요.

STEP 1. 캔버스 만들고 밑그림 그리기

01 <u>새 파일 만들기</u> 4000×3000px 크기의 새 파일을 만듭니다.

02 <u>그리드 레이어 준비하기</u> 그리드 이미지를 불러와 새 레이어로 만듭니다.

TIP 드로잉 준비에 필요한 새 파일을 만들고 그리드 레이어를 준비하는 과정은 086쪽을 참고합니다.

03 <u>레이아웃 나누기</u> 새 레이어를 추가하고 **[연필](크기 10, 파란색)**로 이미지를 배치할 영역과 나머지 13가지 영역을 적당히 나누어 그립니다.

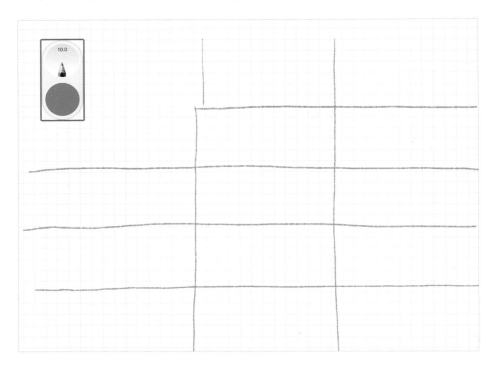

04 밑그림 그리기 내용을 전부 쓸 필요는 없습니다. 대략적인 위치만 직선으로 그립니다. 이미지는 간략하게 밑그림을 그립니다.

STEP 2. 펜 선 그리기

05 인간의 뇌 밑그림 레이어 위에 새 레이어를 추가합니다. **[펠트펜](표준, 크기 4, 검은색)**으로 밑그림을 참고해서 라인을 그립니다. **공부의 과학 효과적 학습 방법 13** 제목을 쓰고 공부하기 위한 책상, 뇌를 그립니다.

06 SPACED REPETITION 공부하는 모습과 잠시 잠자는 모습입니다.

07 FIND YOUR OWN STYLE 그리기, 먹기, 동영상, 음악을 표현합니다.

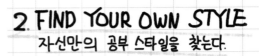

08 GOOD NIGHT SLEEP 침대에 누워 쿨쿨 푹 자는 모습입니다.

09 FOCUS 스마트폰, 태블릿, 도서관을 표현했습니다. 빨간색으로 빗금을 그어 금지를 표현합니다.

10 POMODORO 시계를 이용해 25분과 5분을 표현합니다.

11 HARD STUFF FIRST 아침 일찍 공부하는 모습입니다.

12 EXERCISE, MEDITATE, CONVERSE
명상과 대화를 표현했습니다.

13 GO PLACE 새로운 곳으로 향하는 발걸음
입니다.

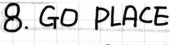

14 TAKE FUN SERIOUSLY 엎드려서 기분
좋게 책을 읽는 모습입니다.

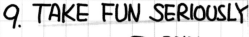

15 SPACE YOUR STUDY 그래프를 이용해
망각 곡선을 그렸습니다. 빨간색과 파란색 선
을 그립니다.

16 30% READ vs 70% RECITE 파이 그래프
를 이용해 시간을 나타내고 책을 읽는 모습, 마
이크를 이용해 연습하는 모습을 그렸습니다.

17 INSTANT SELF-TEST 책의 내용을 짧게
요약하는 모습입니다.

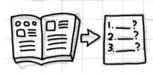

18 **DON'T FORCE IT** 토끼와 당근을 이용해 억지 동기 부여를, 찻잔을 이용해 휴식을 표현했습니다. 빨간색으로 빗금을 그어 금지를 표현합니다.

19 밑그림 레이어를 숨깁니다. 라인이 멋지게 완성된 것을 확인할 수 있습니다.

STEP 3. 그림자 그리기

20 펜 선을 그린 레이어 아래에 새 레이어를 추가합니다. **[펠트펜]**(마커펜, 크기 8, 회색)으로 그림자를 추가합니다.

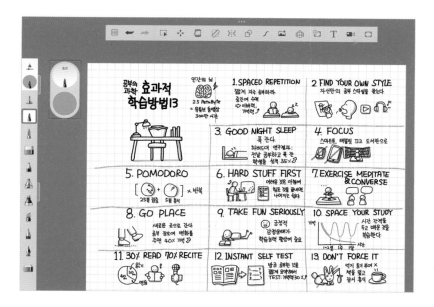

STEP 4. 하이라이트 배경 추가하기

21 그림자 레이어 아래에 새 레이어를 추가하고 **[페인트 브러시]**(크기 60, 연두색)로 채색합니다. 제목 아래에 큼직하게 채색하면 라인만 있을 때보다 좀 더 보기가 좋습니다.

22 하이라이트 배경 레이어만 보면 다음과 같습니다.

23 <u>레이어 정리하여 완성하기</u> 완성된 작품입니다. 하이라이트 색상을 한 가지만 추가해도 보기가 좋습니다.

일상에 적용하기

각 항목에 번호를 붙이는 순서형은 우리에게 가장 익숙한 정보 구조입니다. 유튜브에는 'OO하는 XX가지 방법'과 비슷한 제목의 동영상이 상당히 많습니다.

▲ 아마존의 13가지 사실

▲ 기분이 좋아지는 12가지 팁

▲ 반려견을 속상하게 만드는 12가지

마음에 드는 짧고 쉬운 영상을 찾아 간단하게 요약해보기 바랍니다. 정리할 내용이 많다면 한두 가지 색상만으로 채색하는 것이 좋습니다.

온라인 수업 홍보 : 똥손 탈출
디지털 스케치 노트

똥손 탈출   스케치 노트   온라인 수업

완성 파일 : Chapter 6\온라인 수업 홍보.PSD

'똥손 탈출 디지털 스케치 노트'는 필자가 진행하는 8주 과정의 온라인 수업입니다. 수강생을 모집하기 위해서는 홍보 자료가 필요합니다. 디지털 스케치 노트 수업을 홍보하는 좋은 방법은 비주얼씽킹 스타일로 홍보 자료를 만드는 것입니다. 온라인 수업 홍보물을 만들어보겠습니다.

🔍 미리 보기

비주얼씽킹 시각화 단계 알아보기

STEP 1. 연필을 이용해 마인드맵 구조를 가진 밑그림을 그립니다.

STEP 2. 검은색 라인(펜 선)으로 글과 그림을 간단하게 표현합니다.

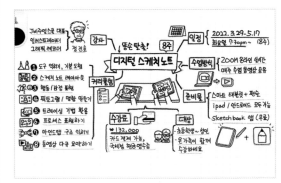

STEP 3. 채우기 기능으로 채색합니다.

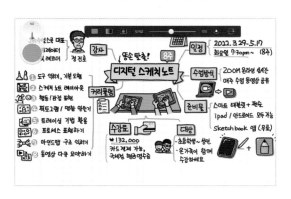

STEP 4. 회색 그림자를 추가하여 완성합니다.

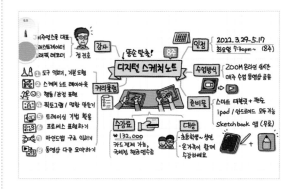

내용 준비하기

홍보 내용을 정리해봅니다.

똥손 탈출 디지털 · 스케치 노트 [8주]

· 일정 : 2022년 O월 O일 ~ O월 O일. 매주 화요일 밤 7:30

강사 정진호	수업 방식	준비물
· J비주얼스쿨 대표	· ZOOM 온라인 실시간	· 스마트 태블릿+펜슬
· 일러스트레이터	· 매주 수업 동영상 공유	· iPad/Android 모두 가능
· 그래픽 레코더		· Sketchbook 앱(무료)

대상	수강료	커리큘럼
• 초등학생 ~ 성인	• 132,000원	• 도구 익히기, 기본 도형
온 가족이 함께 수강하세요.	• 카드 결제 가능, 국세청 현금 영수증	• 스케치 노트 레이아웃
		• 행동/감정 표현
		• 픽토그램/명함 만들기
		• 트레이싱 기법 활용
		• 프로세스 표현하기
		• 마인드맵 구조 익히기
		• 동영상 다큐멘터리 요약하기

STEP 1. 캔버스 만들고 밑그림 그리기

01 새 파일 만들기 3000×2000px 크기의 새 파일을 만듭니다.

02 그리드 레이어 준비하기 그리드 이미지를 불러와 새 레이어로 만듭니다.

TIP 드로잉 준비에 필요한 새 파일을 만들고 그리드 레이어를 준비하는 과정은 086쪽을 참고합니다.

03 마인드맵 구조 밑그림 그리기 새 레이어를 추가하고 [연필](크기 6, 파란색)로 밑그림을 그립니다. 자세한 내용을 적을 것은 아니기 때문에 대략적인 공간만 배치합니다. 상세한 내용은 펜 선 그리기 단계에서 실습합니다.

STEP 2. 펜 선 그리기

04 밑그림 레이어 위에 새 레이어를 추가합니다. **[펠트펜](표준, 크기 4, 검은색)**으로 간단하게 라인을 그립니다. 먼저 배너를 그리고 제목을 씁니다. 시계 방향으로 일정, 수업방식, 준비물, 대상, 수강료, 커리큘럼, 강사 등을 배치합니다. 제목 배너 아래에는 태블릿으로 스케치 노트를 하는 모습을 그립니다.

05 노트북에는 ZOOM 아이콘을 그리고 동영상으로 녹화할 수 있다는 것을 표현합니다. 아래에는 태블릿과 펜, Sketchbook 아이콘을 그립니다.

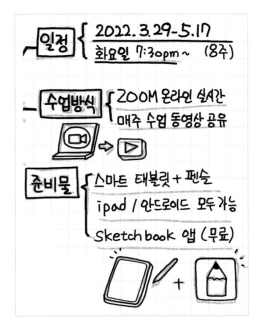

06 수강료와 대상을 표현하기 위해 카드 결제와 가족을 그립니다.

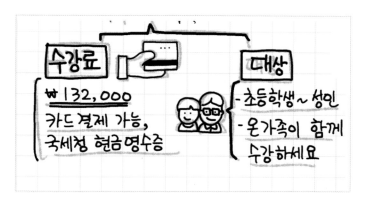

07 왼쪽 위에는 강사와 8주간의 커리큘럼을 정리했습니다. 매주 수업에서 어떤 것을 배우는지, 간단하지만 한눈에 이해할 수 있게 표현했습니다. 주별 커리큘럼 숫자는 잘 보이도록 검은색 바탕에 흰색을 사용했습니다.

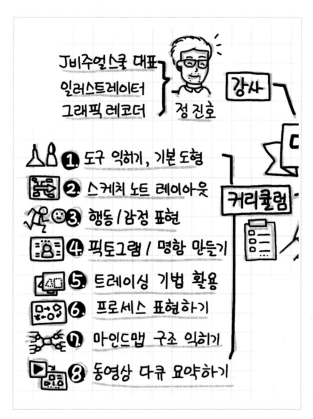

08 밑그림 레이어를 숨기고 펜 선만 확인합니다. 라인이 완성되었습니다.

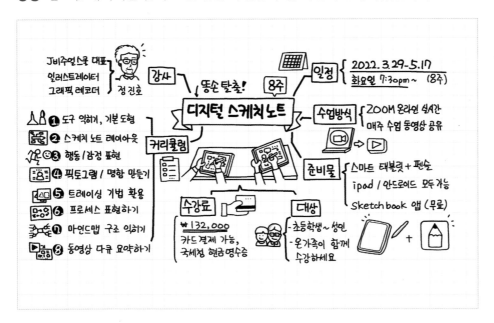

TIP 펜 선 레이어는 나중을 위해 복제해두는 것도 좋습니다. 채색 단계 시 혼합 모드를 적용하거나 라인을 수정해야 할 경우가 생기기 때문입니다. 따라서 필자는 펜 선 레이어를 복제해두고 작업하는 것을 선호합니다.

STEP 3. 채색하기

09 채우기 기능으로 펜 선 레이어에 곧바로 채색합니다. 오브젝트에 어울리는 색을 사용해 간단히 채색합니다. 중앙의 제목 배너와 주요 항목은 노란색으로 채색합니다. 제목 아래의 태블릿의 배경은 진한 파란색, 라인은 흰색으로 칠하면 잘 보입니다.

10 마찬가지로 사각형 영역을 노란색으로 채색합니다. 노트북과 동영상 아이콘도 채색합니다.

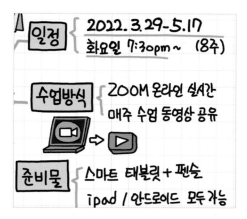

11 카드 결제를 하는 손, 가족, 태블릿과 펜, Sketchbook 아이콘을 채색합니다.

12 마지막으로 필자의 얼굴을 채색하고, 주별 커리큘럼의 숫자는 파란색으로 채웁니다.

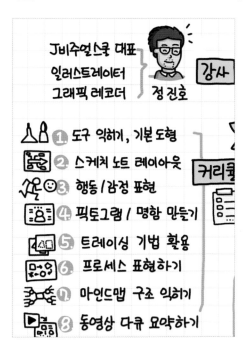

STEP 4. 그림자 그리기

13 채색이 끝난 펜 선 레이어 위에 새 레이어를 추가합니다. **[펠트펜](마커펜, 크기 6, 회색)**으로 그림자를 그립니다.

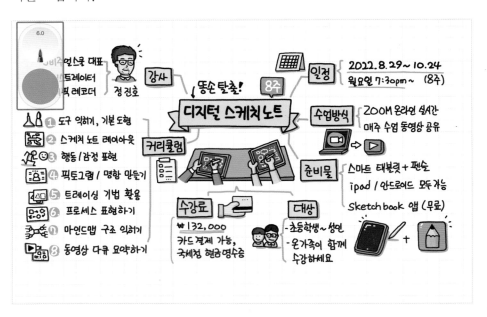

14 그림자 레이어만 보면 다음과 같습니다.

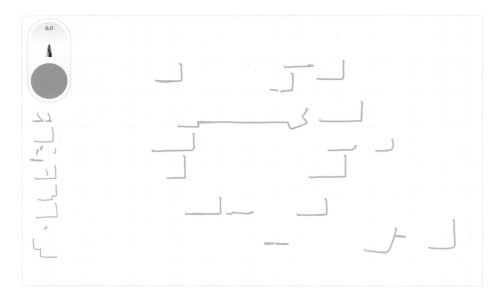

15 <u>레이어 정리하여 완성하기</u> 모든 작업을 마쳤습니다. 비주얼씽킹이 완성되었습니다.

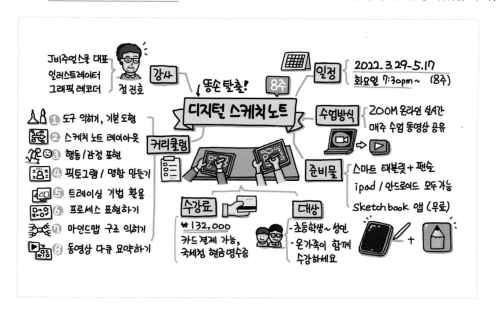

일상에 적용하기

필자는 디지털 스케치 노트 수업의 일정이 확정되면 제일 먼저 홍보 자료를 만듭니다. 비주얼씽킹 스타일로 만든 홍보물 덕분에 디지털 스케치 노트 수업은 수강생 모집이 잘 되고 있습니다. 이 수업을 통해 어떤 것을 배우게 되는지 홍보물을 통해 바로 알 수 있기 때문입니다.

Lesson

동영상 제작용 스토리보드

노원구 | 도서관 | 책모모

완성 파일 : Chapter 6\책모모 스토리보드.PSD

책모모(책으로 모인 모임)는 2021년에 진행된 서울시 노원구의 독서공동체 지원 사업입니다. 이 사업을 효과적으로 홍보하기 위한 3D 홍보 영상을 제작하게 되었습니다. 그런데 3D 영상은 렌더링에 많은 시간이 소요되기 때문에 가급적 수정이 많지 않도록 처음부터 전체 내용을 한눈에 볼 수 있는 스토리보드를 만드는 것이 효과적입니다.

🔍 미리 보기

비주얼씽킹 시각화 단계 알아보기

STEP 1. 스토리보드에 넣을 열 개의 컷을 그리기 위해 레이아웃을 나눕니다.

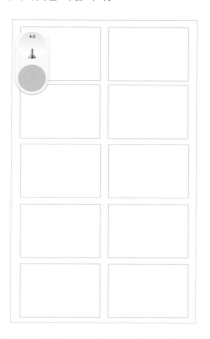

STEP 2. 펜 선을 그리고 필요한 부분만 채색합니다.

STEP 3. 회색 그림자를 추가하여 완성합니다.

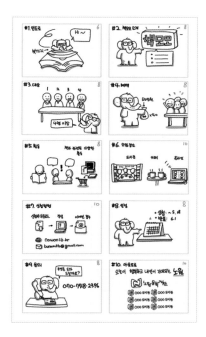

내용 준비하기

홍보물 영상의 스크립트를 준비합니다. 장면 번호, 구성, 스크립트, 시간 등으로 구성되어 있습니다. 총 열 개의 장면을 만들어야 합니다.

노원문화재단 책모모 홍보영상 스크립트 2021.4.22 ver1.0

씬 no.	구성	스크립트	시간(초)	참고
1	인트로	여러분 안녕하세요! 책을 사랑하는 코끼리 북끼리 입니다.	6	
2	책모모 소개	여러분에게 [책모모]를 소개합니다. 4인 이상이 모여 책을 마음껏 읽고, 토론하세요. 삶에 휴식이 스며들 수 있도록 노원구가 지원할게요.	8	
3	대상	노원 구민 4명 이상이 함께 하는 독서동아리를 만드세요 남녀노소 누구나 신청할 수 있습니다.	8	
4	혜택	북모모에 선정이 되면 40개 독서공동체에 50만원씩 지원 해 드립니다.	8	
5	활동	친구, 이웃, 동료 등과 함께 독서, 토론, 독후활동 등 책과 관련된 다양한 활동을 해 보세요	8	
6	모임 장소	도서관도 좋고 카페도 좋고 온라인으로 만날 수도 있어요	10	
7	신청	홈페이지에서 신청서를 다운받아 이메일로 접수 해 주세요 - 노원구립도서관 홈페이지 (https://www.nowonlib.kr) - 신청접수 이메일 (buramlib@gmail.com)	10	
8	일정	신청은 5.18(화) 까지입니다. 결과 발표는 6.1(화) 입니다!	8	
9	문의	궁금하신 것은 북끼리에게 연락 주시면 친절하게 안내해 드립니다. 070-7718-2396 [일동선] "넵! 북끼리 입니다. 무엇을 도와드릴까요?"	10	
10	아웃트로	노원문화재단 00도서관, 00도서관, 00도서관, 00도서관, 00도서관, 00도서관, ……	10	
			86	

인트로

• 안녕하세요! 책을 사랑하는 코끼리 북끼리입니다.

소개

• 여러분에게 [책모모]를 소개합니다.

• 네 명 이상이 모여 책을 마음껏 읽고, 토론하세요. 삶에 휴식이 스며들 수 있도록 노원구가 지원할게요.

대상

• 노원 구민 네 명 이상이 함께하는 독서 동아리를 만드세요. 남녀노소 누구나 신청할 수 있습니다.

혜택

• 선정이 되면 50만 원씩 지원해드립니다. 40개 독서 공동체를 뽑아요.

활동

• 가족, 친구, 이웃 등과 함께 독서, 토론, 독후활동 등 책과 관련된 다양한 활동을 해보세요.

장소

• 도서관도 좋고 카페도 좋고 온라인으로 만날 수도 있어요.

신청

• 홈페이지에서 신청서를 다운로드하여 이메일로 접수해주세요.

• 노원구립도서관 홈페이지(https://www.nowonlib.kr)

• 신청 접수 이메일(buramlib@gmail.com)

일정

• 신청은 5.18(화)까지입니다. 결과 발표는 6.1(화)입니다!

문의

• 궁금하신 것은 책끼리에게 연락주시면 친절하게 안내해 드립니다.

• 070-7718-2396

   (말풍선) "넵! 북끼리입니다. 무엇을 도와드릴까요?"

아웃트로

• 노원문화재단 00도서관, 00도서관, 00도서관, 00도서관, 00도서관

STEP 1. 캔버스 만들고 레이아웃 나누기

01 새 파일 만들기 3000×5000px 크기의 세로가 긴 파일을 만듭니다.

02 그리드 레이어 준비하기 그리드 이미지를 불러와 새 레이어로 만듭니다.

> **TIP** 드로잉 준비에 필요한 새 파일을 만들고 그리드 레이어를 준비하는 과정은 086쪽을 참고합니다.

03 레이아웃 나누기 새 레이어를 추가하고 **펠트펜(표준, 크기 4, 파란색)**으로 레이아웃을 그립니다. 레이어 메뉴의 [복사], [붙여넣기]를 이용하면 편리합니다.

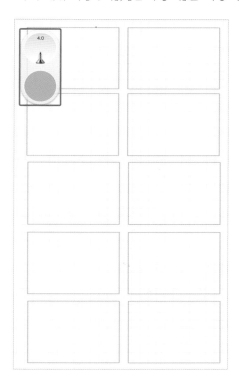

STEP 2. 펜 선 그리고 채색하기

04 펜 선 그리기 새 레이어를 추가하고 **[펠트펜](표준, 크기 4, 검은색)**으로 펜 선을 그립니다. 밑그림 없이 라인을 그리며, 필요한 부분은 바로 채색합니다. 상자의 왼쪽 위에는 컷 번호를 적고, 오른쪽 위에는 시간(초)을 적습니다. 북끼리가 등장한 인트로와 책모모 소개를 그립니다.

05 대상과 혜택을 그립니다.

06 활동과 모임 장소를 그립니다.

07 신청 방법과 일정을 그립니다. 중요한 부분은 하이라이트 강조색을 사용합니다.

08 문의와 아웃트로를 그립니다.

09 스토리보드의 라인 작업이 완성되었습니다.

STEP 3. 그림자 그리기

10 ❶ 펜 선을 그린 레이어 아래에 새 레이어를 추가합니다. ❷ **[펠트펜](마커펜, 크기 8, 회색)**으로 입체감을 살릴 수 있는 그림자를 그립니다.

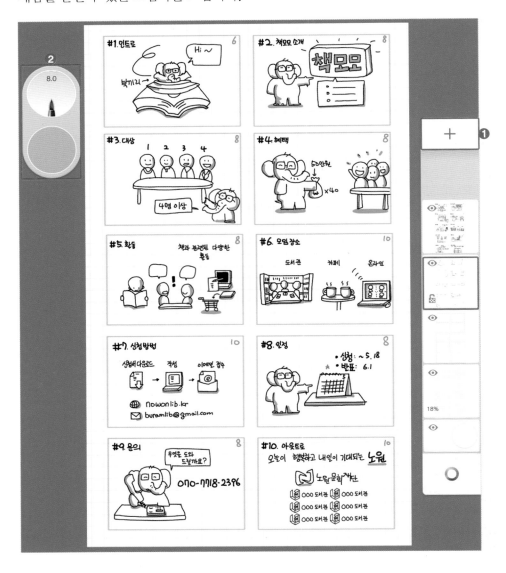

11 빠르고 간단하게 스토리보드를 완성했습니다.

일상에 적용하기

스토리보드를 이용해 효과적으로 의견을 나눈 끝에 멋진 3D 홍보 영상이 만들어졌습니다. 아래 QR 코드를 스캔해 접속한 후 홍보 영상을 확인해봅니다.

▲ 책모모 홍보 영상 동영상

▲ 책모모 홍보 영상 QR코드

도서관에 방문하는 많은 시민의 눈에 쉽게 띌 수 있는 장소에 포스터와 엑스(X) 배너를 설치하는 것도 필요합니다. 이를 위해서 두꺼운 검은색 선과 그림자만 이용해 11개의 손 그림을 그렸습니다.

손 그림을 이용해서 포스터와 엑스(X) 배너를 만들었습니다. 잘 보이는 곳에 붙이고 설치하면 완성입니다.

디지털 마인드맵, Xmind 활용하기

비주얼씽킹을 활용하여 다양하고 복잡한 정보를 요약할 때 마인드맵 구조를 이용하면 전체적인 내용을 한눈에 파악할 수 있어 큰 도움이 됩니다. 물론 마인드맵 구조를 손으로 그릴 수 있지만 디지털 마인드맵을 이용하는 것이 훨씬 효과적입니다. 필자가 15년이 넘는 기간 동안 여러 디지털 마인드맵을 사용해본 결과, 초보자에게 가장 추천하고 싶은 응용 프로그램은 바로 Xmind(https://xmind.net)입니다.

▲ Xmind 홈페이지

─ Xmind의 장점 ─

다양한 기능을 가진 강력한 성능의 값비싼 마인드맵 프로그램도 있지만 초보자에게는 가능하면 쉽고, 저렴하고 빠른 것이 좋습니다. 무료 마인드맵도 있지만 필요하다면 약간의 비용을 지불하고 사용하는 것이 좋은 프로그램을 앞으로도 계속 사용할 수 있는 방법입니다. Xmind의 몇 가지 특징과 장점을 소개하겠습니다.

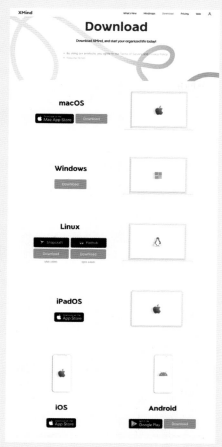

▲ 다양한 운영체제 지원

다양한 운영체제 지원

MacOS, Windows, Linux, iPadOS, iOS, Android 등 대부분의 운영체제를 지원하며 인터페이스와 사용 방법이 동일합니다.

기능과 실행 속도

꼭 필요한 기능만을 제공하며 프로그램이 가볍고 빠르게 실행됩니다. 사용자 인터페이스가 단순해 개인적으로 마음에 듭니다. Xmind의 가장 큰 장점입니다.

가격

무료 버전으로도 대부분의 기능을 사용할 수 있습니다. 그러나 몇 가지 기능은 유료 버전에서만 동작합니다. 가격 정책은 6개월과 1년 구독 중에서 선택할 수 있습니다.

- 6개월 39.99달러
- 1년 59.99달러

한 번만 구입하면 PC/Mac/태블릿/스마트폰 등 여러 장비에서 사용할 수 있습니다.

마인드맵 모드 & 아웃 라이너 모드

클릭 한 번으로 마인드맵 모드와 아웃 라이너 모드를 전환할 수 있습니다. 아웃 라이너 모드는 목록 스타일로 볼 수 있습니다.

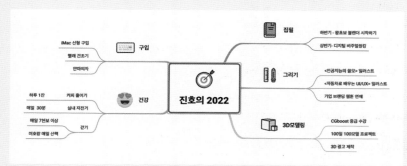

▲ 마인드맵 모드

▲ 아웃 라이너 모드

내보내기

Xmind를 이용해 만들어진 마인드맵은 다양한 포맷으로 내보내기가 가능합니다. Microsoft Office 포맷도 지원합니다.

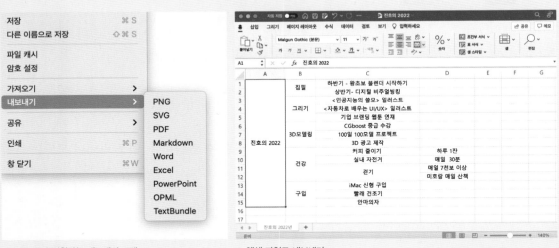

▲ Xmind가 지원하는 내보내기 포맷　　　　　▲ 엑셀 파일로 내보내기

스티커

카테고리에 따라 분류된 여러 가지 스티커를 드래그&드롭으로 삽입할 수 있습니다.

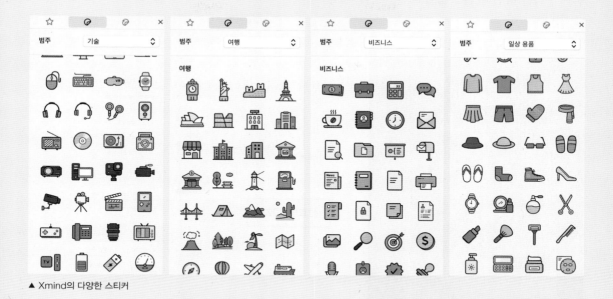

▲ Xmind의 다양한 스티커

구조와 색상 테마

필요에 따라 여러 가지 형태의 구조를 즉시 변경할 수 있고 멋지게 보이는 컬러 테마도 제공합니다.

▲ 구조 바꾸기　　　　　　　　　▲ 색상 테마

텍스트 붙여넣기

메모장과 같은 텍스트 에디터를 이용해 내용을 입력하고 Tab 을 이용해 들여쓰기합니다. 그런 다음 붙여넣기를 하면 마인드맵으로 만들어줍니다.

▲ 텍스트 붙여넣기

이상으로 Xmind의 특징을 살펴보았습니다. 사실 가장 좋은 도구는 자신에게 익숙한 도구입니다. 이미 사용하는 마인드맵 응용 프로그램이 있다면 Xmind를 새로 구입할 필요는 없습니다. 그러나 여러분이 디지털 마인드맵을 새롭게 시작하는 단계라면 Xmind가 여러분의 시간과 에너지를 아껴 줄 수 있을 것입니다.

비주얼씽킹을 만난 지 벌써 10년의 시간이 흘렀습니다. 그사이 필자는 1인 기업 J비주얼스쿨의 대표가 되었습니다. 예전에는 종이 수첩에 펜으로 끼적거리던 작업을 이제는 12.9인치의 아이패드 프로를 사용해 작업합니다. 30분씩 걸리던 작업이 10분이면 충분해졌고, 나아가 국제 콘퍼런스에서 실시간으로 디지털 그래픽 리코딩을 할 수 있습니다.

▲ 제주포럼 2021 그래픽 리코딩 현장

이 모든 것은 10년의 세월 동안 조금씩 발전한 것입니다. 어떤 사람은 시간이 좀 더 걸릴 수도 있고, 재능이 있는 사람은 훨씬 짧은 시간에 실력이 빠르게 늘 수도 있습니다. 한 가지 확실한 점은 인간은 글과 그림을 함께 보는 것을 좋아한다는 것입니다. 복잡한 내용을 쉽고 재미있게 만드는 일은 정말 멋진 일이며, 다양한 분야에서 도움이 되는 기술입니다.

10년 만에 필자는 IT전문 일러스트레이터가 되었습니다. 예전에는 책 한 권을 쓰는 데 일 년의 시간이 걸렸지만, 지금은 한 달 만에 200컷의 일러스트를 그릴 수 있게 되었습니다.
필자에게는 새로운 목표가 생겼습니다. 앞으로 10년간 30권의 책에 일러스트를 그리고 싶습니다. 이 책을 구입하신 독자 여러분께 고맙습니다. 부디 저를 계속 지켜봐주시길 바랍니다.

2022년 가을
파주가 보이는 일산에서 정진호

찾아보기

Digital Visual Thinking　vol.1

Digital Visual Thinking vol.2